TUTANKHAMUN AND HIS TOMBFUL OF TREASURE
Text ⓒ Michael Cox, 2007
Illustrations ⓒ Clive Goddard, 2007
All rights reserved.
Korean translation copyright ⓒ 2011 by Gimm-Young Publishers, Inc.
Korean translation rights arranged with Scholastic Ltd through EYA
(Eric Yang Agency)

이 책의 한국어판 저작권은 에릭양 에이전시를 통해 Scholastic Ltd와 독점 계약한 (주)김영사에 있습니다. 저작권법에 의하여 한국 내에서 보호를 받는 저작물이므로 무단 전재와 복제를 금합니다.

앗, 이렇게 재미있는 사회·역사가!

비밀의 왕 투탕카멘

마이클 콕스 글 | 클리브 고다드 그림 | 위문숙 옮김

주니어김영사

비밀의 왕 투탕카멘

1판 1쇄 인쇄 | 2011. 1. 15.
개정 1판 3쇄 인쇄 | 2022. 2. 19.

마이클 콕스 글 | 클리브 고다드 그림 | 위문숙 옮김

발행처 김영사 | 발행인 고세규
등록번호 제 406-2003-036호 | 등록일자 1979. 5. 17.
주소 경기도 파주시 문발로 197(우10881)
전화 마케팅부 031-955-3100 | 편집부 031-955-3113~20 | 팩스 031-955-3111

값은 표지에 있습니다.
ISBN 978-89-349-9893-8　74080
ISBN 978-89-349-9797-9　(세트)

좋은 독자가 좋은 책을 만듭니다. 김영사는 독자 여러분의 의견에 항상 귀 기울이고 있습니다.
전자우편 book@gimmyoung.com | 홈페이지 www.gimmyoungjr.com

이 도서의 국립중앙도서관 출판시도서목록(CIP)은 서지정보유통지원시스템
홈페이지(http://seoji.nl.go.kr)와 국가자료공동목록시스템(http://www.nl.go.kr/kolisnet)에서
이용하실 수 있습니다. (CIP제어번호 : CIP2019032012)

어린이제품 안전특별법에 의한 표시사항
제품명 도서 제조년월일 2022년 2월 19일 제조사명 김영사 주소 10881 경기도 파주시 문발로 197
전화번호 031-955-3100 제조국명 대한민국 ⚠주의 책 모서리에 찍히거나 책장에 베이지 않게 조심하세요.

차례

들어가는 말   7

제 1부
투탕카멘은 뭐하고 살았나   10
이집트의 역사를 한눈에   11
별별 사람에 별별 신   17
가족을 찾아라!   25
투탕카멘, 모든 학문을 머릿속에   35
파충류가 끔찍하다고?   48
투탕카멘 왕, 드디어 탄생하다   54
달려라, 달려!   64
그 후로도 영원히 행복하게!   75
부디 잘 가소서!   90

제 2부
하워드 카터의 오싹오싹 모험   105
하워드 '카트에 쓸어 담아'   106
파라오를 찾아라!   111
한 걸음 한 걸음   121
투탕카멘의 끔찍한 저주   130
카터, 드디어 만났군!   135
죽은 자는 말한다!   147
끝맺는 말   159

들어가는 말

　고대 이집트가 무려 3000년 동안 세계를 쥐고 흔들 때, 왕위를 거쳐 간 파라오들은 수백 명이 넘었다. 쟁쟁한 왕들이 많았지만 이름을 떨친 파라오라면 단연 투탕카멘 왕이다. 투탕카멘 왕이 유명한 이유는 그가 펼친 활약이나 업적이 역사책에 시시콜콜 적혀 있어서일까?

아니면 군인들을 이웃 나라로 몰고가 재산과 노예를 빼앗아서? 그것도 아니면 자신과 가족의 유물을 넣어두려고 신전 같은 묘실과 웅장한 피라미드를 지었기 때문에? 모두 아니다. 그런 일들은 투탕카멘이 유명해진 이유와 거리가 멀다.

투탕카멘이 유명하게 된 데에는 영국의 손꼽히는 고고학자인 하워드 카터의 공이 컸다. 카터에게는 소중한 고고학 유물을 발견하겠다는 오랜 꿈이 있었다. 수천 년 동안 고스란히 보존된 미라와 보물들을 꼭 찾고 싶어한 것이다. 그는 유물을 찾으려고 몇 년을 매달렸지만 매번 흙더미와 돌덩이만 볼 뿐이어서 무척 실망했다. 그러던 어느 날이었다.

하워드의 두 손 가득히 황금이 쏟아졌다. 말 그대로 진짜 황금이었다. 꿈에도 상상하지 못한 보물 창고를 찾아낸 것이다. 바로 투탕카멘의 무덤 속에 있던 보물이었다. 하워드는 파라오의 사라진 무덤 앞에서 뜨거운 눈물을 흘렸다. 그 후, 세계 곳곳의 관람객들이 투탕카멘의 무덤을 찾아와 보물들을 보고 소스라치게 놀랐다. 그런데 대부분의 사람들은 투탕카멘이 일찍 죽었다는 사실 말고는 딱히 아는 게 없었다. 사실 투탕카멘과 보물에 얽힌 흥미진진한 사연들이 많은데 말이다. 다음 이야기를 들어 보자!

- 또래들이 장난감 병정을 갖고 놀 때 투탕카멘은 세계 최고의 지도자로서 우락부락한 군인들을 지휘했다. 새파랗게 어린 아홉 살에 말이다.
- 투탕카멘은 열다섯 살짜리 친누나와 결혼했다. 그때 투탕카멘은 아홉 살에 불과했다.
- 투탕카멘은 결국 가슴 아픈 최후를 맞이했다. 여러 면에서 그럴 가능성이 높다!
- 거대한 코브라가 투탕카멘의 유물을 지킨다는 소문이 떠돌았다. 하워드 카터가 투탕카멘의 무덤에 들어간 날, 그 고고학자는 아끼는 카나리아를 잃었는데 그 범인은 거대한 코브라였다!

- 투탕카멘의 무덤이 발견되기 15년 전, 고고학에 관심을 쏟았던 시어도어 데이비스 앞에 무덤의 위치를 암시하는 중요한 실마리가 나타났다. 그러나 데이비스는 그것이 고리타분한 잡동사니 더미인 줄 알고 신경 쓰지 않았다.

이런 솔깃한 이야기를 비롯하여 권력에 눈먼 관리들의 머리싸움과 시체를 바싹 말리는 요령, 슬픈 결말을 불러온 끔찍한 저주와 그 밖의 자질구레한 일들을 파헤치고 싶다면, 고고학자의 곡괭이와 삽을 움켜쥐고 냉큼 달려들어라. 입이 쩍 벌어질 만큼 놀라운 투탕카멘의 이야기 속으로!

제1부 투탕카멘은 언제 뭐하고 살았나

이름을 간단히

이집트 통치자들은 이름이 한두 개가 아닌 데다 이름을 속옷보다 자주 갈아 치웠기 때문에 그 이름을 다 알려면 머리가 아프다. 투탕카멘 역시 원래 투탕카톤이었으나 왕위에 오르고 2년이 흐른 뒤 투탕카멘으로 바꿨다. 투탕카멘의 아버지 이크나톤 역시 처음에는 아멘호테프 4세였다. 이름은 무조건 알아듣기 쉬운 게 좋을 것이다. 그래서 이 책에서는 투탕카멘을 무조건 투탕카멘, 그의 아버지는 이크나톤으로 부를 것이다.

시대를 더 간단히

투탕카멘이 언제 태어나고 죽었는지 정확히 밝혀지지 않았다. 그래서 이 책의 1부에 나온 시기는 언제라고 딱 꼬집어 말하기 어렵다. 그냥 이것만 알고 있자. 투탕카멘이 살던 때는 호랑이 담배 피던 시절만큼 오래되었다!

이집트의 역사를 한눈에

기원전 7000년에 이리저리 떠돌던 부족이 나일 강 계곡에 도착했다.

사람들은 뿔뿔이 흩어져 터를 잡았으며 그 부족 국가는 훗날 상하 이집트 왕국으로 발전했다.

기원전 3000년에 두 개의 왕국은 하나로 합치자는 데 뜻을 모았다. 그리하여 새로운 시대가 막을 올렸다. 그 이후 기나긴 세월 동안 왕족들이 이집트를 다스렸다. 산업이 날로 뻗어 나갔고 무역이 활기를 띠었고 꽤 많은 사람들이 떵떵거리며 살았다.

나라가 부유하고 편안하며 튼튼해지자 고대 이집트는 아주 옛날, 케케묵은 시절인데도 불구하고 눈부시게 아름다운 예술품을 빚어냈다. 웅장한 건물을 세우고 최첨단 기술을 선보이며 수학과 의학에서도 놀라운 발전을 이루고 섬세함과 다양함이 조화를 이룬 종교 체제를 꽃피웠다!

이집트 인은 심지어 알파벳으로 이루어진 최신형 글자도 척척 만들어 냈다.

또한 그들은 일 년을 365일로 정한 최초의 민족이었다! 이집트는 흉년이 들거나 이웃 나라가 쳐들어오거나 고을에서 반란

을 일으키는 경우가 거의 없어서 2500년 동안 알콩달콩 재미나게 살았다. 그러나 스물다섯 번째 왕조에 이르러서 상황이 조금씩 나빠지기 시작했다.

기원전 700년, 메소포타미아(오늘날의 이라크)의 아시리아 인이 이집트를 차지하고 다스리다.

기원전 525년, 페르시아 인(오늘날 이란인)이 이집트를 차지하다.

기원전 332년, 다소곳하고 나긋나긋한 그리스 전사인 동시에 남의 나라를 즐겨 빼앗는 알렉산더 대왕이 이집트를 차지하다.

기원전 31년, 로마 인이 이집트를 몽땅 차지하고 다스리다.

기원후 642년, 아랍 인이 이집트를 또 차지하고 다스리다.

1250-1517년, 맘루크 인 (자유를 얻은 터키 노예들)이 이집트를 차지하고 다스리다.

1517년, 터키 인이 이집트를 다스리다.

1798년, 나폴레옹 보나파르트가 쳐들어와서 이집트를 차지하다.

1801년, 터키가 영국의 도움으로 나폴레옹을 몰아내자 이집트는 또다시 터키 제국의 식민지가 되다.

1882년, 영국 군대가 이집트로 쳐들어와서 식민지로 삼다.

1922년, 진짜진짜 착하고 친절하고 마음 넓은 영국이 이집트의 독립을 허락하다. 푸아드 1세가 권력을 넘겨받다.

1922년에 일어난 사건들
- 영국의 오스턴 자동차 회사에서 선보인 최신형 자동차가 인기를 엄청나게 끌다.
- 구소련인 소비에트 연방 공화국이 세워지다.
- 조지 5세왕이 윔블던에 콘크리트 테니스장을 새로 지어서 열다.
- 영국이 얼마 후 인도의 지도자가 될 마하트마 간디를 감옥에 가두다.
- 영국의 국영 방송 BBC가 영국 전역에 라디오 방송을 처음으로 내보내다.
- 랄프 사무엘슨이 최초로 수상 스키를 타다.

아차, 한 가지가 빠졌다.

영국의 고고학자인 하워드 카터가 사막을 파헤치다가 눈이 번쩍 뜨이고 얼이 빠지고 심장이 벌렁벌렁 떨릴 만큼 멋진 것을 발견하다.

모닝 타임스
1922년 11월 23일 영국 최고의 일간 신문

굉장하다!
놀랍다! 기가 막히다!

투탕카멘의 보물 무덤이
하워드 카터 앞에 드디어
모습을 드러내다.

'어마어마해요!'
— 이집트 학자 앤
'믿어지지 않는군요!'
— 전문가 아치
(하워드의 당나귀에게
먹이 주는 일을 담당했다!)

모험심으로 똘똘 뭉친
고고학자가
모두가 화들짝 놀랄 보물을
모래 속에서 찾아내다!

별별 사람에 별별 신

휘황찬란한 투탕카멘의 기막힌 사연들을 제대로 들으려면 이집트 인들이 살았던 곳과 그들의 생각을 알아야 한다. 간단히 말하자면 이집트 인들에게 세상이란 거대한 피자처럼 판판하고 진흙과 모래와 흙으로 이루어진 곳이었다. 피자 같은 세상은 어마어마한 바다에 둥둥 떠 있어서 바닷물이 나일 강으로 흘러들어 온다고 여겼다.

지리 이야기를 하니 하품부터 나온다고? 그렇더라도 이집트

인들 생각이 틀렸다는 것쯤은 눈치챘겠지? 다들 알다시피 이집트는 아프리카 대륙의 북부에 있으며 날씨는 푹푹 찌고 땅은 바싹 말라붙은 곳이다.

이집트는 곳곳이 척박한 사막이다. 그런데도 나일 강의 범람 지역이 더할 나위 없이 기름진 것은 해마다 일어나는 침수 현상 때문이다. 비 내리는 계절이 오면 에티오피아와 우간다의 산이며 언덕에 빗물이 차오르다가 그 물이 나일 강으로 밀려와서 홍수를 일으키는데, 그때 까만 흙까지 쓸려 온다. 이런

현상은 이집트 인들에게 최고의 선물이나 다름없었다. 왜냐하면 비를 구경하기도 어려운 이집트에서 그 흙이 얼마나 기름진지, 좀 부풀려 말해서 단추를 햇볕 아래 툭 던져 놓으면 그럴싸한 먹을거리로 무럭무럭 자랄 정도였다. 그리고 진흙에 짚을 섞어 말려 놓으면 최고의 벽돌로 변했기 때문이다.

이집트 인들은 나일 강을 물길 삼아 작은 배, 짐배와 돛단배

를 타고 남북으로 오르내리고 먹을 것까지 넘쳐났으니 이집트 인들은 보나마나 배를 통통 두드리며 살았을 것이다. 그래서인지 고대 그리스의 여행자이자 천재인 헤로도토스는 이집트를 '나일 강의 선물'로 표현했다. 한마디로 커다란 강이 구불구불 휘몰아치지 않았더라면, 그리고 온갖 좋은 것들이 휩쓸려 오지 않았더라면 위대한 이집트 문명은 탄생하지 않았을 거라는 뜻이다.

하지만 이집트 인들의 생각은 살짝 달랐다. 자신들이 섬기는 수많은 신들이 자비롭고 고마운 자연 현상을 베풀어 준다고 철석같이 믿고 있었다!

이집트 신들은 생활 구석구석에서 중요한 역할을 맡고 있었다. 게다가 갖가지 모험에 끼어들고 변신을 일삼고 가족마저 배신하기 일쑤였으니, 스파이더맨이나 슈렉이나 심슨 가족 등 영화 속 주인공들만큼이나 성격이 다양하고 매력적이었다.

별별 사람에 별별 신

오늘날 사람들은 저마다 자신의 신을 경배한다. 고대 이집트도 이와 비슷했으나 조금 다른 점은 2,000명이 넘는 신들 중에서 일부를 골라 믿었다는 것이다! 왕조차도 '인생의 스승'으로 정해둔 신에게 걸핏하면 이렇게 물었다. '나라를 잘 다스리는 방법은 뭘까요?' '근사하게 보이는 방법은 뭔가요?' '어떻게 하면 바보 취급당하지 않을까요?'

사제와 상인, 소작인과 노동자들도 이집트 신에게 한 수 가르쳐 달라며 졸랐고 일과 직업에 필요한 일들을 도와 달라고 청했다. 이집트 신들은 사람들에게 거리를 두지 않았고 친근했다. 인간처럼 울고 웃고 마시고 생각하고 죽었다.

권력을 잡은 왕이나 사회 분위기에 따라 신들의 인기 순위는 달라졌다. 유행하는 창조 신화가 시시때때 변하면서, 창조신 역시 라, 아멘, 프타, 크눔, 아톤으로 바뀌었다. 그렇다면 최고의 인기를 누린 신은 누구였을까? 이집트 신전에서 가장 대우받던 신들을 아래에 간추려 놓았다. 그 목록에서 처음을 장식할 신은 누가 뭐래도 위대한 '라'이다.

어떤 신이 최고일까?

라

생김새 : 매의 머리에 태양을 본뜬 형태인 원반이 달려 있다. 또는 그 자체가 쇠똥구리다. 자, 헷갈리면 안 된다. 머리에 쇠똥구리가 붙었다는 뜻이 아니라 라 자신이 쇠똥구리다! 원반은 아톤 신을 상징한다. 아톤을 기억할 것! 아톤은 투탕카멘 이야기에서

아주 중요한 의미를 갖고 있다.

맡은 일: 라 또는 아멘 라는 태양신인 동시에 죽은 자를 심판했으므로 이집트 인들은 대부분 라를 전지전능한 최고의 신으로 여겼다.

특별한 소문: 라는 두 척의 배를 타고 천상의 물길을 지나다녔다. 먼저 마드제트 배 한 척이 동쪽에서 떠올랐다. 그 다음에는 자그마한 세메크테트 배가 라를 석양이 지는 서쪽으로 실어 날랐다. 호루스 신과 마아트 신은 라를 위해 배를 조종했다.

라가 밤에 움직일 때는 괴물 세 마리가 앞길을 가로막았다. 이튿날 태양이 무사히 떠오르려면 라가 반드시 괴물들을 무찔러야만 했다.

셋 중에서도 어둠의 괴물인 아페프가 가장 힘이 셌다. 아페프가 라를 이기면 이튿날에는 폭풍이 몰아쳤다. 이집트에서는 폭풍을 구경하기조차 어려워 승리는 늘 라의 몫이었다! 그런 의미에서 라는 요즘도 썩 잘해내고 있다!

마아트

생김새: 마아트는 머리에 진실의 깃털을 꽂은 여신이다. 깃털의 이름도 마아트다. 양쪽 팔을 날개처럼 쫙 펼치기

도 한다.
맡은 일: 선량한 이집트 인들은 마아트를 마음에 품고 산다. 마아트는 여신인 동시에 생활 속의 도덕을 상징한다. 마아트 신은 선과 조화, 정의와 진리, 질서를 의미한다. 말하자면 마아트는 모든 점에서 세트(아래를 참고)와 딴판이다.
특별한 소문: 투탕카멘 왕을 비롯해 이집트의 지배자들은 마아트의 원칙에 따라 왕국을 다스려야만 했다. 즉 누구나 친절하고, 공정하고, 정직하고, 깍듯하게 대우받는지 살폈다.

오시리스

생김새: 살갗이 초록색인 미라이며 흰색 왕관을 쓴다.
특별한 소문: 이집트 왕이었던 오시리스는 동생인 세트의 손에 죽음을 당하고 몸이 조각조각 찢기었다. 그러자 누이인 이시스가 몸을 모아 천으로 싸맸다. 오시리스는 이집트 최초의 미라가 되었으며 내세에서 왕의 자리에 올랐다. 다른 파라오처럼 투탕카멘 역시 이집트의 왕관을 쓰는 순간 살아 있는 오시리스의 화신이 되었다.

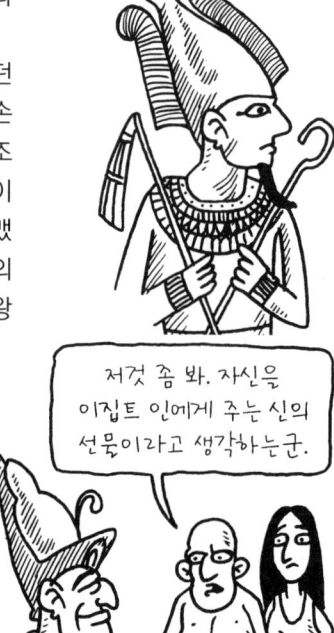

저것 좀 봐. 자신을 이집트 인에게 주는 신의 선물이라고 생각하는군.

세트

생김새: 돼지와 비슷한 동물, 돼지, 검은 하마, 꼬리가 화살처럼 생긴 개, 악어, 치렁치렁 붉은색 옷을 차려입은 붉은 머리카락에 붉은 눈동자의 남자처럼 생겼다.

맡은 일: 폭풍과 악과 사막과 혼란의 신이며 투덜투덜 불평을 일삼는다.

특별한 소문: 세트는 오시리스의 아들인 호루스와 영원한 맞수다. 이집트 인들은 세트가 나이가 가장 많은데다 심보도 고약해 두려워하면서도, 강한 힘과 용맹한 행동에 감탄을 금치 못했다.

토트

생김새: 따오기 머리의 남자처럼 생겼다. 따오기와 원숭이는 토트를 의미하는 성스러운 동물이다.

맡은 일: 글자를 발명했다. 다른 신을 위해 기록을 남긴다. 죽은 자가 재판정에 나와 심판을 받으면 그 판결문을 기록한다. 아울러 성스러운 나무에 왕이 통치한 기간을 새겨 둔다. 투탕카멘 왕의 경우에는 그 기간이 짧았다.

특별한 소문: 사람들은 토트가 세상의 모든 지식이 담긴 책을 갖고 있다고 믿었다.

이번 문제에서 전화 찬스를 쓸 건가요?

예, 그럴게요. 토트에게 전화할게요.

아누비스

생김새 : 자칼 머리의 남자이다.
맡은 일 : 죽은 자를 지하 세계의 길로 안내한다. 세트에게 살해당한 오시리스 신을 미라로 만들 때 도왔다. 죽은 자에게 바치는 기도를 들어준다. 미라 작업을 도와주는 신으로 미라 만드는 과정을 지켜본다.
특별한 소문: 예전에 아누비스는 장례를 담당한 위대한 신이자 네크로폴리스(커다란 공동묘지)의 수호자이고 지배자였다. 그러나 오시리스의 인기가 오르는 바람에 밀려났다. 소름이 끼칠 만큼 무서운 아누비스 조각상 몇 개가 투탕카멘의 무덤을 지켰다. 이집트 인들은 자칼이 무덤가를 어슬렁거리자 죽은 자를 지킨다고 생각했다.

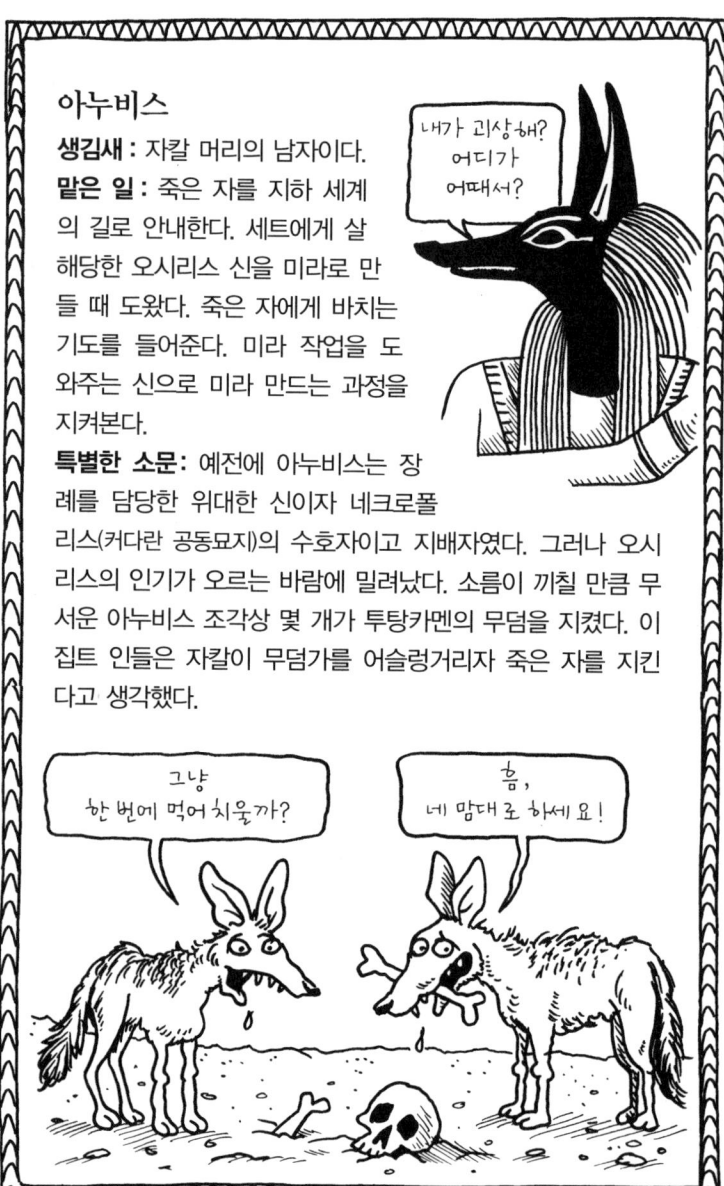

가족을 찾아라!

오리무중 파라오

투탕카멘은 이집트 신왕국 18대 왕조의 후손으로 그 당시 이집트 세력은 하늘을 찌를 듯 뻗어갔으며 거칠 것이 없고 당당한 지배자들이 줄을 이었다. 그가 태어난 시기는 기원전 1343년경인데 누가 그의 부모인지 딱 꼬집어 말할 수는 없다. 이집트 왕들은 종종 자신의 누이를 왕비로 맞았으며 친딸이나 손녀딸과도 결혼했기 때문에, 가계도는 얽히고설킨 실타래처럼 복잡했다.

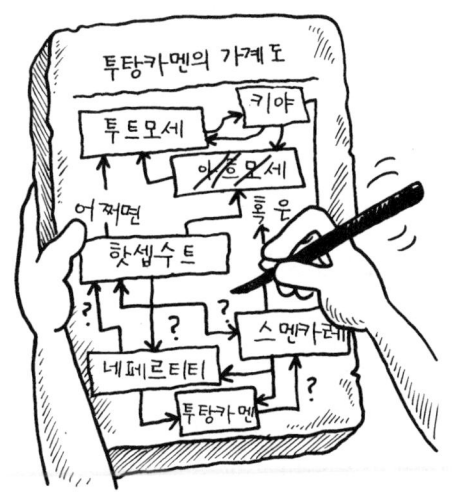

그 결과 전 세계의 역사가, 대학교수, 고고학자, 이집트 학자 등은 투탕카멘의 가문을 두고 몇 백 년 동안 입씨름을 벌였다. 그리고 지금까지 소란스럽다!

그렇다고 투탕카멘 부모를 두고 벌인 이런 주장이 뜬구름처럼 허무맹랑하지는 않았다. 그동안 투탕카멘 가족의 진실을 밝히고자 고고학이나 과학계의 학자들은 온갖 노력을 기울여 왔다. 그런데도 알쏭달쏭한 증거들이 나타났다.

이집트 학자의 조사

투탕카멘의 뒤죽박죽한 가계도를 정리하려니 머릿속이 터질 것 같다고? 꼬장꼬장한 이집트 학자들이 밝혀낸 아래의 몇몇 사실과 조사 결과를 바탕으로 황금 소년의 친척을 꼼꼼히 아니면 휘리릭 알아보자.

1. 투탕카멘의 아버지는 성스러운 도시인 아케타톤을 세웠는데 그곳의 기념비에서 투탕카멘을 '왕의 아들'로 칭한다.

2. 이크나톤의 무덤 벽화를 보면 키야 왕비의 침대 곁에서 부채꾼이 아기를 안은 여인에게 부채질을 해 주고 있다. 아무래도 미래에 왕이 될 아기로 추측된다.

3. 전문 연구원들도 투탕카멘의 비밀스런 가족을 찾아내기 위해서 애를 썼는데 여러 미라의 해골들 사이에 나타난 공통점을 비교하여 가장 비슷한 것을 골라냈다.

투탕카멘과 스멘카레의 해골을 연구한 전문가들은 머리 꼭대기의 둥근 부분이 닮았다며 그들이 형제라는 결론을 내렸다. 하지만 다른 전문가들이 '잠깐'이라고 외치며 이의를 제기했다. 뼈의 생김새가 비슷하다면 투탕카멘은 스멘카레 왕의 아들일 수도 있다! 아니면 투탕카멘이 스멘카레의 아버지였나?

4. 어떤 이집트 학자들은 투탕카멘의 부모는 할아버지 할머니인 아멘호테프 3세와 위대한 왕의 아내인 티이라고 주장했다. 티이의 머리카락이 투탕카멘의 무덤에서 나왔기 때문이다.

5. 투탕카멘의 가족을 두고 입씨름이 한창인 가운데, 요즘 널리 받아들이는 주장은 이렇다.

투탕카멘의 부모는 이크나톤 왕과 그의 아내인 키야이다. 키야의 공식 명칭은 '이크나톤이 가장 사랑하는 아내'였다. 이크나톤은 키야 외에도 아내가 여러 명이었다. 그중에서도 네페르티티라는 우아한 조각상이 1913년 독일 고고학자에게 발견되면서 세계에 이름을 떨쳤다. 이크나톤과 네페르티티 사이에는 메리타톤, 메케타톤, 네페르네페루아톤 타쉬아리트, 네페르네페루어, 소테펜레, 안케센파아톤(또다른 이름인 니팅파아톤은 그다지 알려지지 않았다)등 여섯 명의 딸이 있다. 이들은 투탕카멘의 이복누이들이고 그중 한 명은 투탕카멘과 결혼한다. 그렇지만 아직은 때가 아니었으니 투탕카멘이 이제 막 태어났기 때문이다. 그런데 투탕카멘의 눈앞에는 참으로 뒤죽박죽인 세상이 펼쳐져 있었으니!

왕의 반란

투탕카멘은 종교와 정치가 한바탕 회오리를 일으키던 시기에 태어났는데 그건 바로 아멘호테프 4세(훗날 이크나톤으로 손수 이름을 바꿨다) 탓이었다. 2000년 가량 거대한 문명이 이어지는 동안, 이집트는 늘 변화가 없었다. 파라오는 권력을 쥐락펴락하며 호화롭기 짝이 없는 삶을 누렸다. 서기는 기록을 남겼고 군인들은 이웃 나라를 정복했으며 농부는 나일 분지의 기름진 흙으로 농사의 기쁨을 누렸다. 또한 너도나도 다신교에 푹 빠져서 헤아리지 못할 만큼 많은 신들을 섬겼다. 그런데 아주 엉뚱한 사건이 벌어졌다. 이크나톤이 괴상하고 새로운 방식을 덥석 받아들이더니 지난 수백 년 동안 이어온 종교와 숭배방식을 트집 잡으며 이집트를 낯선 길로 끌고 갔다. 즉 이집트의 수백 명에 이르는 신을 몰아내고 오직 아톤 신을 받들어야 한다는 주장을 펼친 것이다. 이크나톤이 자신의 새로운 신을 유일신으로 선포한 순간, 이집트 왕국 곳곳에서 변화의 불길이 일어났다. 방방곡곡에 자리잡은 수많은 신들의 사무실과 사랑방(말하자면 사원)이 문을 닫아야 했다. 이런 형편이니 이크나톤의 인기는 당연히 곤두박질칠 수밖에 없었다.

회사가 분위기를 새롭게 하려면 상표, 회사의 주요 색상, 근무 복장을 바꿔서 선보이듯 투탕카멘의 아버지도 새로운 유일신교에 그런 변화를 꾀하기로 마음먹었다. 그 결과 이집트의 종교 예술 즉 모든 예술은 겉모양은 물론, 그 의미까지 바뀌었다.

이제 예술은 여유로움과 편안함을 추구하며 사람을 존중

했기에 예술가들은 이 그림에 나타나듯 이크나톤과 그의 아내인 네페르티티가 손잡고 있는 평소의 모습까지도 작은 돌에 새겼다.

이크나톤은 종교 개혁을 기필코 이루겠다는 뜻에서 자신의 이름인 아멘호테프 4세를 이크나톤, 즉 아톤에게 쓸모 있는 자로 바꾸더니 새롭고 강력한 유일신에게 이집트의 수도인 테베와 수백 개의 사원은 전혀 어울리지 않다는 결론을 내렸다. 이크나톤은 일을 어영부영 처리하는 파라오가 아니었기에 그 즉시 테베에서 500km 떨어진 나일 강둑 동쪽에 아케타톤(아톤의 지평선)이라는 신의 도시를 웅장하게 세웠다. 그러고는 왕실 전체를 그곳으로 옮겼다. 아내, 자식, 군대, 신하, 자문관, 시종 그 밖에 모든 것들을 몽땅 말이다. 유일신 개혁 때 해고당하지 않은 사제들도 데려갔다.

짧은 삶을 살다간 투탕카멘은 그가 태어난 이후, 아홉 해를 이곳에서 보냈다.

그런데 유일신을 향한 이크나톤의 관심은 줄어들 낌새가 없었다. 오히려 유일신 숭배에 더 열을 올리면서 산더미처럼 쌓인 업무는 거들떠보지도 않았다.

어린 투탕카멘은 아버지가 새로 지은 궁전의 과수원과 화려한 정원에서 실오라기 하나 걸치지 않은 채 아장아장 걸어 다녔고, 벌레를 한 입에 꿀꺽 삼켰으며 나비를 팔짝팔짝 쫓아다녔다. 그러나 한쪽에서 사람들은 불평을 쏟아내는가 하면 소곤소곤 귓속말을 나누고 정치 싸움을 그치지 않은데다 아주 고약한 짓을 꾸몄다. 이런 것들은 결국 어린 소년의 삶에 심각한 영향을 끼치게 된다.

*이집트와 원수 사이인 히타이트 족은 오늘날 터키로 알려진 지역의 출신이다.

어린 투탕카멘은 이 야단법석에 손톱만큼도 신경 쓸 필요가 없었기에 오로지 중요한 일에만 매달렸다. 예를 들자면 유모*인 마야의 품에 안기거나 걸음마를 배우거나, 장난감 악어로 짓궂게 놀거나, 왕실 연못에 오줌을 갈기며 즐겁게 보냈다. 하지만 시간은 똑딱똑딱 흘러갔고 좋았던 시절은 막을 내렸다. 투탕카멘은 이 말을 꺼내기가 무섭게….

…학교로 가서 고대 이집트의 모든 학문을 익혀야만 했다.

*그 당시 왕족은 자식에게 젖을 먹이면 위엄이 떨어진다고 생각했으므로 유모를 구해서 젖을 먹였다.

투탕카멘, 모든 학문을 머릿속에!

투탕카멘의 사라진 파피루스 비밀 일기

기원전 1336년

아! 바로 엊그제 궁전의 정원에서 누나들과 숨바꼭질하고 장난감 새를 날리고 연못에 들락거리며 신 나게 논 것 같은데, 공부를 시작한 지 어느새 2년이 흐르다니!

그동안 나는 궁전 출신의 아이들과 숫자표를 암송하고 위대한 왕의 이름을 배우고 위대한 제국의 지도를 그려 보고 질그릇 조각인 점토판에 상형문자를 썼다. 가끔 늙다리 악어턱 선생의 기분이 굉장히 좋을 때는 무지무지 비싼 파피루스에 문자를 쓴 적도 있었다.

악어턱은 주름이 쪼글쪼글 잡힌 늙은 파충류인데 우리를 누비안 노예*처럼 부려먹는다. 우리가 최고 귀족의 아이들인데 말이다. 치! 우리가 무릎에 필기판을 올리고 책상다리로 앉아

---

* 누비안 족은 고대 이집트 인들의 지배를 받았으며 오늘날 수단에 해당하는 곳에 살았다.

있으면 악어턱은 깡패처럼 떡 버티고 서서는 가증스런 악어 가죽 채찍으로 손바닥을 짝짝 내리치며 뱀처럼 매서운 눈을 이리저리 번뜩인다. 그러다 누군가 한눈이라도 팔면 인정사정없이 후려친다. 우리 모둠의 마아즈바는 대장의 아들인데도 악어턱의 채찍을 아주 제대로 맞았다. 시간 내에 상형문자를 쓰지 못했다는 이유로 말이다. 마아즈바는 아버지에게 부탁해서 악어턱을 히타이트 인들과 싸우는 전쟁터로 쫓아 버리겠다고 다짐했다.

아니면 왕실 동물원에 있는 치타의 먹이가 되게 하던지. 앗싸!

악어턱이 산 채로 먹히는 장면을 꼭 보고 싶다.

투탕카멘은 학교에서 숫자표와 이집트 역사와 지리 외에도 몸속에 관해서도 속속들이 배웠다. 이집트 인들은 몸 속의 각 부분이 어디에 있고 무슨 일을 하는지 잘 알고 있다고 확신했다. 그러나 고대 이집트 인들이 넓디넓은 곳의 지리를 전부 꿰지는 못 하듯, 몸의 여러 기관이 하는 일과 그 차이점을 죄다 알 수는 없었다. 그들이 으뜸으로 여긴 기관은 바로 심장이었다.

심장이 벌렁벌렁
자칼 박사가 이렇게 썼다.

친애하는 투탕카멘에게
심장과 내세를 묻는 자네 질문에 답장을 보내네.
심장을 소중히 여기게! 그게 없을 경우…

자네는 끝장이야! 우선 심장이 없다면 생각을 못하겠지! 그리고 아무것도 기억할 수 없어. 그 무엇보다 중요한 점은 이것이야! 심장이 없다면 어디에도 영혼을 담아두지 못해!

그러니 심장이야말로 자네 몸을 하나부터 열까지 책임지고 있는 셈이지. 심장에서 '모래 위를 걸어 보자!'라고 생각하면 발이 모래 위를 저벅저벅 걸어가거든.

심장에서 '손으로 장난쳐 봐!'라고 생각하는 순간 그대로 이뤄지지. 심장에서 심지어 자네 몸의 눈물과 침과 콧물과 음식과 똥오줌까지 맡고 있다네! 그래서 심장에 관이 달려 있는 걸세!

심장에 행운이 깃들길.

자칼 박사

추신 - 인간에게 왜 두뇌가 있느냐는 자네 질문에 대한 답일세. 신경 끄게! 해골 속에 들어찬 분홍색과 회색 젤리 덩어리는 완전히 쓸모없는 것이라네. 두뇌가 하는 일이라곤 콧물을 훌쩍이는 것뿐일세!

투탕카멘의 사라진 파피루스 비밀 일기

기원전 1336년

오늘 우리는 교실에서 파피루스 두루마리 읽기 수업을 했다. 얼마나 지긋지긋하던지! 머리부터 발까지 지루했던 나는 새로 생긴 똘똘한 강아지를 데리고 들오리를 사냥하는 공상에 빠져 있었다.
 그런데 악어턱 선생이 우리더러 공부를 못 하면 나중에 관개수로 일꾼이나 나일 강둑의 세탁부로 살아가야 한다고 겁을 주었다. 우리는 세탁부가 어떤 꼴을 당하는지 잘 안다!
 기가 막혀서! 우린 왕실의 혈통이라서 어차피 영광과 권력을 누리며 화려하게 살아 갈 팔자다. 잠시 후에 내가 마아즈바에게 물었다. 왜 네 아버지에게 부탁해서 악어턱을 치타 먹잇감으로 던져 주지 않느냐고! 그러자 마아즈바가 털어놓기를 아버지에게 그렇게 조르다가 맞은 데를 또 맞았단다. 게다가 아버지의 지시에 따라 '나는 함부로 높은 지위를 이용하지 않겠습니다.'라는 상형문자를 100번 썼다고 한다. 때때로 상형문자는 참 골칫거리다! 하지만 언젠가 쓸모가 있겠지. 수업이 끝날 무렵, 왕실 이발사가 찾아와서 내 머리통 한 쪽의 기다란 애교 머리만 빼고 빡빡 밀어 주었다. 나중에 어른이 되면 머리카락 한 올을 남기지 않고 깎은 다음에 가발을 써야 한다. 그때는 내 애교 머리가 무척 아쉬울 것 같다.

상형문자를 그리다

 이집트는 완벽한 글자를 최초로 만들어내기에 안성맞춤인 곳이었다. 온통 모래투성이라서 아무 데나 글자를 써 볼 수 있었다! 그뿐이 아니라 일 년에 몇 달 동안은 눈이 닿는 곳마다 나일 강 진흙이 질척거렸다. 그러니 조만간 머리 좋은 사람이 나타나서 진흙에 끼적거리는 것은 불 보듯 뻔했다.

또한 나일 강의 진흙에서 쑥쑥 자라나는 파피루스 갈대야말로 종이며 펜이며 붓을 만들기에 안성맞춤인 재료였으니 이집트 인들은 역사, 지혜, 수학 및 과학 이론, 사상, 신화, 시장에서 살 물건 등을 마음껏 써 내려갈 수 있었다. 그러므로 이집트 인들이 글자를 발명하지 못했다면 아주 그럴싸한 핑계가 필요했을 것이다.

하지만 이집트 인들은 해냈다! 생각과 경험은 물거품처럼 사라지는 대신, 온갖 정보를 담은 기록으로 남아서 멀리 떨어진 나라는 물론이고 먼 훗날까지도 전파되었다. 사람만 사라질 뿐 중요한 내용은 고스란히 남게 되었다. 투탕카멘이 언제 어떻게 살았는지 다룬 이 이야기처럼 말이다!

상형문자를 만든 과정
아주 까마득한 옛날 옛적의 이집트 인들에게는 글자가 없었으므로 기록을 남긴다는 것은 아예 꿈도 못 꿀 일이었다. 뭔가를 쓰거나 중요한 사실을 알리려면 그림문자의 간단한 그림으로 뜻을 전달해야만 했다.

그릴 때 시간이 걸리자 그림은 차츰 단순해졌으며 이윽고 부호로 변했다. 그런데 그림문자로는 어렵고 두루뭉술한 생각을 나타내기가 무척 까다로웠다. 쉬울 턱이 없겠지! 다음에 나온 프랑스 작가 마르셀 프루스트의 문장을 그림문자로 바꿀 수 있을까?

자신감 넘치고 손재주가 뛰어난 이집트 인들 덕분에 사회가 발전하자 생활은 점차 복잡하고 다양해졌다. 이제 글자도 3000년 역사의 활기찬 최첨단 사회에 맞게끔 구석구석 손 볼 필요

가 있었다. 그 결과 기호들은 컴퓨터 자판처럼 두 가지 기능을 갖게 되었다. 즉 그림문자에 간단한 선을 그어두면 그 문자가 표현하는 실제 대상이고, 선이 없으면 소리를 나타냈다.

이 그림문자들에 대해서 더 자세하게 알고 싶다고? 그 시대를 살면서 실제로 경험한 사람이 도와주면 좋을 것이다.

너무나 쉬운 상형문자

고대 이집트(이 글을 읽는 여러분은 이렇게 부르겠지.)에서 안부를 보낸다.

내가 상형문자의 읽기와 쓰기에 관해 알려 주겠다.

서기는 주목하라! 듣는 자들이 어려워할 수도 있으니 아주 천천히 읽어 주어라(똑똑한 것과 거리가 멀다면 말이다). 이리저리 한눈이나 팔고 있다면 주저하지 말고 쫓아 버려라.

자 시작하겠다!

아래의 상형문자 24개는 각각 소리를 나타낸다.

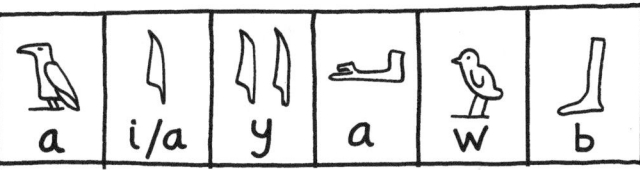

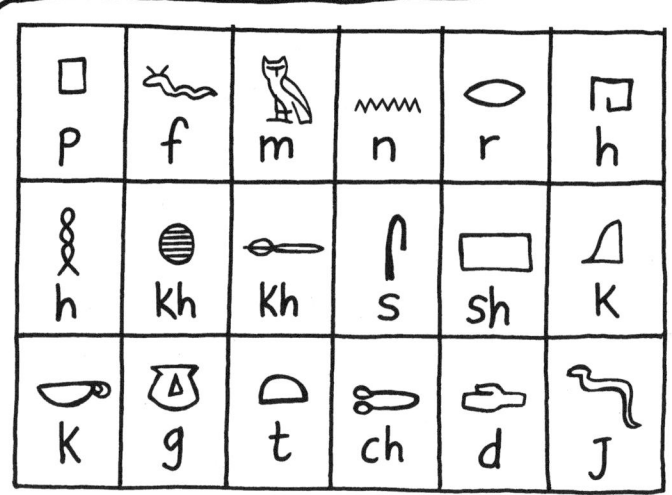

글자들이 예쁘지 않느냐? 그런데 누군가 "모음들은 다 어디 간 거야?"라고 묻는 것 같군. 우리 이집트 인들은 글에 모음을 쓰지 않는다. 그렇다면 아래 그림처럼 웅얼거리냐고?

그렇게 모음을 뺀 말이 이 세상에 있겠느냐?

우리는 그 따위로 말하지 않아, 이 하마 엉덩이들아! 심장에서 텅텅 깡통 소리가 들리겠구나! 말할 때는 당연히 모음을 넣어야지!

상형문자를 제대로 읽으려면 오랜 시간을 배워야 하느니라. 더욱이 어떤 기호들은 한 가지 이상의 글자를 나타내거나 다른 뜻을 의미하니라. 상형문자는 왼쪽에서 오른쪽으로, 아니면 위에서 아래로 읽기도 한다. 어떻게 구분하냐고? 사람과 동물 그림의 얼굴이 어느 쪽을 향하는지 보면 되는데, 주로 그것은 문장의 처음에 나오느니라.

너희들의 뛰어난 왕
투탕카멘

드디어 풀었다!

처음으로 이집트 상형문자를 본 고고학자들은 어리벙벙했다. 수백만 개의 상형문자가 무덤의 벽과 커다란 돌덩어리와

관을 뒤덮은 데다 파피루스에도 빼곡히 적혀 있어서 얼이 쏙 빠질 지경이었다.

고고학자들은 눈앞에 엄청난 지식이 펼쳐진 것을 알았다. 하지만 그 내용은 알 듯 모를 듯 애매한 상형문자의 암호 속에 꼭꼭 감춰져 있었다.

그러다가 1799년에 역사가들과 암호 해독가들은 호박이 넝쿨째 굴러 들어오는 행운을 얻었다. 나폴레옹의 병사들이 나일 강 삼각주의 로제타에서 새로운 요새를 파다가 검은 현무암으로 된 석판을 발굴해 낸 것이다. 석판에는 기원전 196년이라는 년도가 적혀 있었다. 학자들은 처음에 상형문자를 풀 수 있는 열쇠인 줄 몰랐다. 석판에는 이집트 상형문자 외에도 고대 그리스 어 문장이 있었는데 두 글은 같은 내용이었다. 그리스 어 학자들에게 석판의 그리스 어 문장은 식은 죽 먹기였다.그동안 궁금해

서 몸살을 앓던 이집트 학자들은 드디어 꽁꽁 닫혀 있던 상형문자의 비밀을 풀게 된 것이다.

로제타석의 어마어마한 지식은 몇 십 년에 걸쳐 드러났는데 하나부터 열까지 암호 해독자들 덕분이었다. 특히 영국의 과학자인 토마스 영과 프랑스 이집트 학자이자 언어 천재인 장 프랑수아 샹폴리옹의 공이 컸다.

장은 헷갈리던 상형문자를 한 글자씩 맞추고 풀어 보는 등

시간과 정성을 기울여 암호를 풀어내어 토마스의 초기 연구에서 한 걸음 더 나아갔다. 비밀이 밝혀지자 그동안 까맣게 몰랐던 자료들을 척척 풀 수 있는 밑받침이 마련되었다!

토마스는 대단히 놀라운 연구 결과를 많이 남겼다. 그중에서도 가장 뛰어난 업적을 꼽는다면 오늘날 '카르투슈'라고 부르는 타원형 안의 상형문자가 무엇을 의미하는지 밝혀낸 것이다. 그것은 바로 발음대로 표기한 파라오의 이름이었다. 그 덕분에 이집트 학자들은 보물로 가득한 무덤들이 어느 파라오의 것인지 알아차렸다.

하워드 카터 역시 왕가의 계곡에서 무덤 입구를 발견했을 때 회반죽 벽에 찍힌 투탕카멘의 카르투슈를 알아보고는 여러 가지 면에서 엄청난 발견이 눈앞에 기다리고 있음을 깨달았다.

지난 5000년간 카르투슈는 전 세계에 장수와 행운의 상징이자 악을 물리치는 물건으로 알려졌다. 그런데 왜 카르투슈라는 이름이 붙었을까? 나폴레옹이 거느리던 프랑스 군인들이 그 물건을 보고는 자신들이 쓰던 타원형 탄환인 카르투슈와 생김새가 비슷하다고 생각해, 이름을 지었기 때문이다. 하지만 다른 이집트 왕들처럼 투탕카멘 역시 자신의 이름판을 카르투슈가 아니라 '셰누'로 알고 있으므로 이 새로운 이름을 들으면 벌컥 화를 낼 것이다. 아래의 과거에서 날아온 편지를 읽어 보면 그의 분노를 느낄 수 있다.

과거에서 날아온 편지

강력한 이집트 제국의 미래 백성들에게!
 여러분의 눈앞에 보이는 것은 나의 셰누다. 그런데 예언가에게 듣자니 여러분은 바닥까지 떨어진 무식함으로 그걸 카르투슈라고 부른다고? 내 이름이 적힌 것을 '왕의 인장'이나 '명판'이나 '문장' 등 맘대로 불러도 좋다. 하지만 카르투슈라고는 부르지 마라! 그대들은 셰누를 갖고 있는가? 그렇다면 내 것만큼 아름답고 장엄한가? 어림 반 푼어치도 없는 소리!
 내 이름을 둘러싼 타원형은 마법의 밧줄을 상징한다.
 이제 내 이름을 읽어 보라.
 새가 바라보는 오른쪽부터 시작한다. 갈대('이' 또는 '아' 소리)에 이어 'm'을 뜻하는 장기판과 'n'을 뜻하는 물이 나온다. 그 상형문자들을 합치면 'Amun'으로 우리가 존경해 마지않는

신(때로 친구도 된다는 사실을 널리 알리노라!)의 이름이다. 왜 내 이름이 아니라 신의 이름이 먼저 나오느냐고? 그야 신은 소중하니까. 그 밑의 오른쪽에 빵 모양이 있는데 'T'음이다. 다음의 메추라기는 'U'음이다. 자, 멍청하기 짝이 없는 미래의 인간들이여! 빵 모양이 뭘 상징한다고? 물론 기억날 턱이 없겠지. 'T'라고 알려 줬잖아. 이번에는 세 살배기 아이라도 대답할 수 있는 문제다. 글자들을 합쳐 보아라. 얼간이 들이여! 무엇이 나오는가? 그렇다! 내 이름인 Tut, 투트가 나온다. 그 옆은 'ankh, 앙크'라고 읽는다. 바로 신발 끈 모양이다. 또는 '살아 있음'을 뜻한다. 이제 글자들을 순서에 맞게 읽어 보아라. Tut ankh amun, 투탕카멘 즉 아멘의 살아 있는 모습이라는 뜻이다. 철학이 담겨 있지 않는가!

투탕카멘의 어린 시절이 학교 공부와 상형문자와 고개를 내저을 만큼 엄격한 선생님으로만 채워졌을 리는 없다. 가끔은 재미있고 신 나는가 하면 눈이 휘둥그레지는 사건도 벌어졌다.

파충류가 끔찍하다고?

투탕카멘의 사라진 파피루스 비밀 일기

기원전 1336년

어찌나 더운지 숨이 턱턱 막힐 정도다! 그래서 나일 강의 야트막한 곳으로 수영하러 갔다. 무성한 갈대밭에는 악어가 슬그머니 숨어 있을지 모르니 멀리 피했다.

호위대장이 말했다. '고귀하고 신성하며 특별하신 왕실의 자제들이여! 강에서 즐겁게 보내소서. 하지만 깊이 들어가면 아니 됩니다. 특히 교활한 악어를 조심하소서. 또한 나일 강의 메기는 특히! 가시에 슬쩍 찔리기만 해도 목숨을 잃는답니다!'

나와 어린 왕족들은 호위병들의 보호를 받으며 강에서 놀았고 500큐빗* (200m가량) 떨어진 상류에서는 농부 애들이 가축을 몰아 강 건너편으로 가고 있었다. 아이들은 악어나 메기를 쫓아내려고 요란한

*큐빗은 고대에서 썼던 길이의 단위로 약 45cm에 해당한다.

소리를 내거나 마법의 주문을 외웠다.
한참 물에서 놀고 있는데 느닷없이 비명과 물장구치는 소리가 들리더니 한바탕 소동이 벌어졌다.
'맙소사, 안 돼!' 나는 물 밖으로 허겁지겁 달아나며 생각했다. '흉악한 악어가 누나를 잡아 가나 봐!'
그래서 개울 쪽을 돌아보니 엄청 커다란 악어가 마구 울부짖는 소 한 마리를 입에 물고는 휘휘 내두르는 게 아닌가! 하지만 눈 뜨고 못 볼일이 그 뒤를 이었으니! 내가 무릎을 덜덜 떨며 서 있는데 별안간 다른 악어가 10큐빗 정도 펄쩍 뛰어오르는가 싶더니 달아나는 아이를 덥석 물었다. 아이는 아프고 놀란 나머지 몸부림을 치며 악을 썼으나 사악한 짐승은 빙글빙글 돌며 가엾은 소년의 피로 나일 강을 붉게 물들였다. 그러다가 아이를 물 속으로 끌어당겨 인정사정없이 물어뜯었다. 난 농부의 자식으로 태어나지 않았으니 얼마나 다행인지 모른다.

악어에게 잡혀먹다
악어는 여러 이집트 인들의 삶(그리고 죽음)에서 중요한 부분을 차지했다. 수천 마리의 악어 미라가 고대 사원에서 발견되었으며 몇몇 무덤에는 험상궂은 악어들이 갓 태어난 하마를 움켜쥐고 물어뜯은 그림이 있다. 때로는 성곽 둘레의 해자(도시나 성곽 둘레에 파놓은 연못)에 악어 수백 마리를 풀어 놓기도 했다.
이집트 인들은 악어를 사냥하는 동시에 높이 받들었는데, 어느 쪽이 더 강하냐에 따라 그때그때 달랐다.

투탕카멘 왕의 무덤에도 악어가 등장한다. 정확히 말해서 사자와 비슷하고 하마의 분위기도 살짝 풍긴다. 머리는 하마이고 다리는 사자이며 꼬리는 악어인 암무트 여신이 투탕카멘 무덤의 제사용 의자 곳곳에 새겨져 있다. 만약 암무트가 악어의 머리를 하고 있다면 '죽은 자를 삼키는 여신'이 된다.

투탕카멘의 사라진 파피루스 비밀 일기

기원전 1336년

정말 끝내주는 날이다! 왕실 동물원으로 새로운 동물이 들어왔다! 아직 코빼기도 못 봤는데 어찌나 울부짖는지 귀가 먹먹할 지경이다. 궁전의 정원까지 쩌렁쩌렁 울려 퍼지는 소리에 앵무새들이 꽥꽥거렸고 곰은 으르렁댔으며 개코원숭이는 깍깍 짖어 댔고 기린과 얼룩말은 여차하면 달아날 듯 귀를 쫑긋 세웠다.

드디어 이 소동을 일으킨 녀석과 만났다. 열두 명의 건장한 누비아 흑인들이 왕궁의 정문으로 끌고 온 동물 우리에는 어마어마하게 크고 누런 고양이가 서 있었다. 쇠창살을 송곳니로 어찌나 물어뜯는지 금세라도 우리를 부수고 와락 달려들어 사람들을 갈기갈기 찢어 놓을 기세였다. 만에 하나 그런 사태가 벌어질까 봐 가장 용맹스러운 병사와 궁수 열 명이 활과 창을 겨눈 채 곁에서 대기하고 있었다.

 머리가 무척 컸고 황갈색 머리털은 너무 덥수룩해서 가발처럼 보였다. 그리고 복슬복슬 기다란 꼬리털을 이리저리 휘둘렀다. 알고 보니 그 녀석은 고양이가 아니라 사자였다.

 왕실 동물원 수석 관리인이 몇 분간 그 녀석을 지켜보더니 아주 만족스러워했다.

 며칠이 지났다. 사자는 약간 잠잠해졌다. 왕실의 수의사가 주둥이에 망을 씌우고 발톱을 뽑아 냈다. 사자는 얼마나 아팠을까!

 두 주가 지났다. 오늘 사자는 우리 밖으로 나와서 정원을 어슬렁거렸다. 보기에는 무시무시하지만 마음을 졸일 필요는 없다. 발톱도 없는데다 주둥이에 망을 씌워 놓았기 때문이다. 언젠가 친해지면 내 애완동물로 삼아야지.

투탕카멘의 거대한 애완동물

 이집트의 부자들은 재산이 산더미처럼 많아서 돈으로 뭐든 척척 사들이고 빈둥거리기를 좋아했다. 그러니 친구들을 초대하여 눈이 휘둥그레질 정도로 놀라운 애완동물을 자랑하며 푹푹 찌는 지루한 오후를 흥겹게 보내고 싶었을 것이다. 게다가

애완동물을 데리고 사냥하러 나갈 수도 있었으니 일석이조였다.

가장 색다른 애완동물을 데리고 다닌 이집트 인은 당연히 파라오였다. 하지만 훗날에 이르러서 왕조차도 사자, 표범, 곰, 코뿔소, 치타 등 특이한 동물을 개인 동물원에 마음껏 가둬두지 못했다. 선대의 왕들 때문에 그런 동물들이 많이 사라져 버렸기 때문이다.

가령 기원전 1100년이 되자 이집트에는 사자가 가뭄에 콩 나듯 드물었는데 투탕카멘의 할아버지인 아멘호테프 3세가 그 원인이었다. 상형문자와 그림을 보면 아멘호테프 3세가 한 번의 사냥에서 100마리도 넘는 사자들을

죽이는 장면이 나온다. 따라서 이집트 왕들은 그럴싸한 동물을 반드시 '공물'로 바치라고 자신들의 식민지에 윽박질렀다.

투탕카멘 역시 애완용으로 사자를 한 마디 길렀던 모양이다. 2004년에 고고학자가 투탕카멘의 유모인 마야의 무덤을 조사했을 때, 별도로 마련해 둔 바스테트 고양이 여신 구역에서 사자의 해골을 발견했다.

그곳에는 인간들 외에도 고양이나 여러 동물들의 뼈가 수북이 쌓여 있었다.

해골을 조사한 고고학자들은 사자의 뼈와 이빨의 닳은 상태를 참고하여 사자가 오래 살았으며 사람의 손에 길러졌다는 결론을 내렸다.

안크케페루레 스멘카레제르케프루

(어때, 이 기다란 상형문자 이름을 한 번 읽어 볼래?)

기원전 1336년, 투탕카멘이 일곱 살이 되던 해에 이크나톤이 죽었다. 이 사건으로 이집트 왕권은 안크케페루레 스멘카레제르케프루라고 알려진 비밀스러운 인물에게 넘어갔다(친한 사람들은 이를 '놉비'라고 부른다). 누군가는 놉비를 이크나톤의 동생이라고 여기는가 하면 다른 이들은 그를 투탕카멘의 형이라고 주장한다. 심지어 네페르티티 왕비가 남자처럼 꾸민 것이라고 믿는 사람들도 있다! 그런데 중요한 문제는 그것이 아니다. 놉비가 기껏 2, 3년을 다스리다 죽음을 맞이했기 때문에 투탕카멘(그 당시에는 투탕카톤)은 겨우 아홉 살이라는 나이에 이집트 전체의 왕이 되었다!

투탕카멘 왕, 드디어 탄생하다!

최고 판매 부수의 일간 파피루스

투탕카멘,
아홉 살이라는 나이에
이집트 전체의 왕이 되다!

작성: 궁전 통신원 리드 스탁

고작 며칠 만에 이렇게 달라질 줄이야! 일주일 전만 해도 기껏 장난감 병정이나 전차를 갖고 놀았던 아홉 살짜리 투탕카멘은 모든 이집트의 지배자이며, 강력한 이집트 군대의 지휘자이고 살아 있는 신이 되었다!

지난주에 이 소년은 아내이자 이복누이인 안케센파아톤과 대관식에 참석하기 위해 아버지의 꿈이 서린 아케타톤을 떠나 배를 타고 테베로 갔다. 휘황찬란한 황금 배가 거대한 나일 강을 따라 흘러가자, 호기심에 못 이긴 농부들이 구름 떼처럼 모여들었다. 그들은 이제 곧 신성한 통치자가 될 어린 부부의 그림자라도 보려고 강둑에 즐비하게 늘어섰다.

이제 곧 왕뿐만 아니라 신의 위치에 오를 투탕카멘은 앳된 왕비와 함께 테베에 도착하여 할아버지인 아멘호테프 3세의 궁전으로 안내 받았다. 새로운 세상을 꿈꾸며 늘 뜬 구름을 잡던 아버지인 아멘호테프 4세이자 이크나톤 역시 이 궁전에서 자랐다. 드디어 대관식이 시작되었다.

거대한 카르나크 사원의 뜰을 꽉꽉 메운 사제 수천 명이 파피루스 악보에 따라 노래를 부르며 향로를 흔드는 가운데 소년과 소녀는 높은 관리와 성직자로 이루어진 거대한 행렬을 이끌고 웅장한 문으로 들어서서 위대한 선조인 투트모세 1세와 핫셉수트 왕비의 조각상을 스쳐 갔다. 새파란 나이의 투탕카멘은 특별히 제작한 '꼬마 왕좌'에 걸터앉아 왕관을 썼다. 이어서 권위의 상징인 지팡이와 도리깨를 들고 왕의 이름을 받았다. 상하 이집트의 왕, 힘센 황소, 라의 당당한 화신, 왕권을 나타내는 이, 아멘의 살아 있는 모습, 두 곳의 땅을 잠잠케 하는 자이다. 투탕카멘이 이름이라도 모두 기억하기를 바랄 뿐이다!

투탕카멘은 정식으로 이집트의 파라오가 되었다. 투탕카멘과 왕비가 행렬을 거느리고 대관식 만찬이 열리는 궁전으로 돌아가자 그들을 향한 함성이 하늘을 찔렀다. 테베의 선량한 시민들은 '마음대로 신을 고르던' 과거 행복했던 시절로 돌아가기를 바라고 있다. 그따위 얼토당토 않는 유일신을 없애 달라고 얼마나 라에게 빌었던가! 오늘 밤 끝없는 향락이 이어지는 가운데 흥에 겨운 테베인들은 포도주와 맥주를 한

껏 즐기리라. 나 역시 그들과 어울릴 것이다.

마지막으로 이 점만은 앳된 투탕카멘을 칭찬해야겠다. 푹푹 찌는데다 하염없이 길었던 대관식 중에 우리의 존경하는 새로운 지도자는 딱 한 번 하품을 했을 뿐이다. 그리고 달랑 두 번만 옷 속으로 손을 넣어 왕가의 엉덩이를 왕족답게 벅벅 긁었다.

투탕카멘의 영광스러운 왕관

3000년 전, 이집트 역시 다른 고대 사회와 마찬가지로(고대가 아니어도 그렇지만) 왕관이나 이상야릇한 머리 장식물을 쓰는 행위에 갖가지 의미를 두었다.

파라오 칭호를 받은 투탕카멘은 별별 희한한 머리 장식물로 치장을 했는데 이집트 최고의 왕이 쓰는 장식물답게 각 장식물은 적어도 한 가지씩 의미를 담고 있었다.

1. 케프레쉬 파랑색 머리 덮개에 테를 두른 것으로 투탕카멘이 전쟁 중에 썼다. 왕이 맡은 중요한 전사 역할을 암시한다. 가죽으로 만들었으며 황금 원반과 코브라, 독수리로 장식했다. 이 무시무시한 두 마리의 동물은 예로부터 이집트의 모든 파라오를 보호해 주었다
.
2. 헤제트 봉긋 솟아오른 이 독특한 장식물은 이름에 제트기가 들어가지만 하늘 높이 나는 것과 전혀 상관이 없다. 높다란 원뿔 모양의 흰색 왕관은 투탕카멘이 상 이집트의 왕이라는 것을 나타낸다. 투탕카멘은 이 왕관을 평소 고양이를 쫓아내거나 정원을 돌볼 때에 썼으며 의식을 치를 때도 사용했다.

투탕카멘의 지팡이와 도리깨

투탕카멘이 대관식에서 받은 또 하나의 상징물은 지팡이와 도리깨였다. 어쩌면 꼬마 지팡이와 꼬마 도리깨를 받았을지도 모른다. 큰 것과 작은 것, 두 종류가 무덤에 있었다. 지팡이는 백성들을 편안하게 보살피겠다는 목동의 다짐을 상징한다. 도리깨는 식민지에서 반란을 일으킬 낌새가 보이면 당장 섬멸하겠다는 뜻이다(누군가 투탕카멘에게 '섬멸하다'의 뜻을 먼저 설명해 줘야겠군).

3. **데쉬렛** 의자 모양의 빨간색 왕관은 투탕카멘이 하 이집트의 지배자라는 뜻이다. 신과 여신도 데쉬렛을 쓰지만 코브라는 달려 있지 않다. 투탕카멘은 아주 중요한 의식이 열리면 데쉬렛을 썼다. 설거지할 때는 절대로 쓰지 않았을 것이다.

4. **네메스** 투탕카멘의 유물 중 가장 유명하다. 황금과 파란색 유리로 만들어진 가면이고, 전 세계에 널리 알려졌다. 정확히 따지자면 왕관이 아니라 정교한 머리 장식물이다. 네메스는 파라오만 쓸 수 있었다. 네메스를 쓸 때는 줄무늬 천으로 이마를 단단히 감싼 뒤에 얼굴 양쪽에 천을 늘어뜨리고 뒤쪽을 길게 묶었다. 물론 코브라와 독수리의 장식을 이마에 달았다.

솜털이 보송보송한 소년은 거창한 이름을 내건 채 왕관을 쓰고 백성을 다스리고 적을 섬멸하고 아울러 최고 신의 역할까지 감당하다 보니 갑자기 일에 파묻혀 허덕이는 처지가 되었다. 게다가 아홉 살이라는 나이에 세계를 호령하는 지도자의 임무를 다하려면 화요일 오후에 비가 촉촉이 내린다고 해도 일을 멈출 수 없었다. 그렇다고 아직 솜털도 가시지 않은 투탕카멘이 이집트를 마음대로 주무른다는 것은 말도 안 되는 일이었다. 투탕카멘에게 이 모든 일을 덜렁 맡겨두었다면 이러지 않았을까? 이집트의 학교 문을 당장 닫아건 채 선생님을 가둬 놓고 아이들에게 사탕을 공짜로 나눠 주면서 자신은 팽이나 돌리며 놀았겠지! 그래서 뛰어난 자문관들이 투탕카멘을 도와주고 이끌었는데 그들은 정치에 관해서는 모르는 게 없었다. 법을 만들거나 세금을 거둬들이거나 추수한 곡식을 제대로 징발했는지 확인하거나 이웃 나라를 공격하거나 새로운 도로와 건물의 건설을 허가하는 일이라면 손금 보듯 훤히 알고 있었다. 목요일마다 쓰레기통이 비어 있는지도 확인했다. 자문관들은 정치가인데다 어른이었기에 지위와 권력을 내세워 일을 처리했고 손가락 하나 까딱하지 않은 채 큰 소리만 땅땅 쳤다. 때로는 투탕카멘의 어리석은 실수나 어리바리한 행동을 두고 꾸짖기도 했다.

투탕카멘의 자문관들은 종교를 예전의 다신교로 되돌렸으며, 테베를 다시 수도로 삼았고, 쫓겨났던 사제들을 불러들이는 한편 이크나톤의 매력 넘치는 신도시를 돌무더기로 만들어 버렸다. 그렇다면 어린 투탕카멘을 조종하여 고분고분 꼭두각시로 만든 권력가들을 만나 보자.

투탕카멘과 떼려야 뗄 수 없는 사람들

아이

그에 관한 말들: 아이는 투탕카멘의 아버지인 이크나톤 시절에도 궁정의 최고 관리였다. 아내인 테이는 이크나톤의 첫째 아내인 네페르티티의 유모였다. 이크나톤은 두 사람의 충성심을 높이 사서 황금 목걸이를 하사했다. 어떤 사람들은 아이가 네페르티티의 아버지라고 주장한다! 만약 사실이라면 아이는 투탕카멘의 아내인 안케세나멘의 할아버지가 되는 꼴이다. 또한 할아버지인 동시에 남편이 된다! 시간

이 흐른 뒤에 아이가 안케세나멘과 결혼하기 때문이다. 도대체 어찌 된 영문인지 궁금할 것이다. 아이는 그 외에도 총리대신 (수석 자문), 왕의 오른편에서 부채를 들고 있는 자(팔이 무척 아팠겠다), 왕의 말을 관리하는 자, 왕실 서기 등의 임무를 맡았다. 아울러 못된 짓도 틈틈이 저질렀는데, 도대체 어디에서 그 많은 시간이 났는지 궁금하다!

아이는 투탕카멘의 할아버지인 아멘호테프 3세와도 잘 알고 지내는 사이였다. 아래는 수줍고 다소곳한 아이가 투탕카멘의 할아버지와 자신이 어떤 사이였는지 밝히는 내용이다.

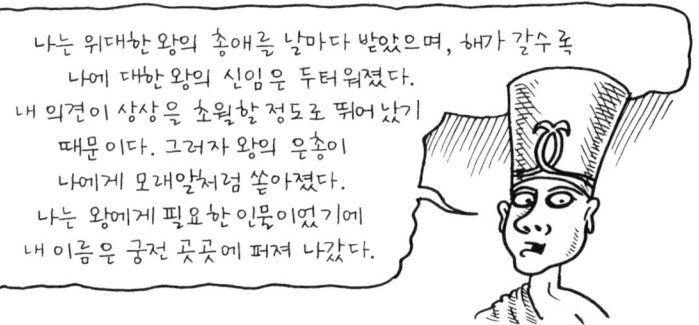

나는 위대한 왕의 총애를 날마다 받았으며, 해가 갈수록 나에 대한 왕의 신임은 두터워졌다. 내 의견이 상상을 초월할 정도로 뛰어났기 때문이다. 그러자 왕의 은총이 나에게 모래알처럼 쏟아졌다. 나는 왕에게 필요한 인물이었기에 내 이름은 궁전 곳곳에 퍼져 나갔다.

호렘헵

왕족의 피가 한 방울도 섞이지 않은 인물로, 군대에서 워낙 뛰어난 활약을 보여 주었다. 투탕카멘의 아버지가 나라를 다스릴 때부터 군사 경력을 차곡차곡 쌓았다. 이크나톤이 새로운 유일신 종교에 푹 빠져서 이웃 나라 습격이나 공물(지금으로 말하자면 상납금) 요구 등 중요한 임무를 거들떠보지 않자, 호렘헵 장군이 두 팔을 걷어 부치고 이집트의 식민지를 지켜 나갔다. 따라서 어린 투탕카멘이 왕위를 물려받은 때에도 호렘헵은 아무 일도 없었다는 듯 자기의 맡은 일을 처리했다.

그 밖의 인물들

잠깐! 아래에서 딱 하나는 사실이 아니다. 찾아내기 어려울 것이다.

이파이: 왕실의 집사이다.

이피: 왕실의 서기이며 투탕카멘의 오른편에서 부채를 들고 있는 자이고 왕실의 감독관이다.

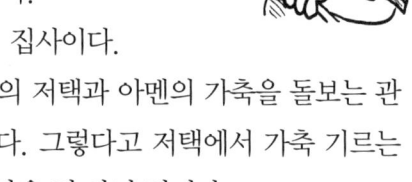

스키피: 왕실 캥거루의 관리자이다.

마야: 투탕카멘의 유모이다.

파아테넴헵: 역시 왕실의 집사이다.

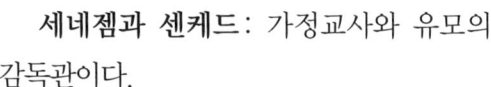

파이: 왕의 저택과 아멘의 가축을 돌보는 관리자이다. 그렇다고 저택에서 가축 기르는 일을 맡은 건 아닐 것이다.

세네젬과 센케드: 가정교사와 유모의 감독관이다.

후이: 이집트의 속국인 누비아의 총독이다.

후이의 부인인 타에무아지: 투탕카멘의 별궁 즉 이집트 왕의 후궁들이 지내던 곳의 관리자이다.

마이아: 왕실의 보물 관리자로서 투탕카멘의 용돈과 재정 상태를 책임졌다.

펜투: 총리대신이다. 투탕카멘 무덤의 포도주 항아리에 적힌

서명으로 알아냈다.

파라메세: 훗날 파라오인 호렘헵 (그렇다! 결국 호렘헵이 기회를 움켜잡았다) 아래에서 총리대신 지위에 오른 장군이다. 호렘헵이 죽자 파라메세는 왕관을 차지하였고 람세스 I세가 되었다.

투탕카멘의 1급 기록

이집트의 여느 파라오들과 달리 투탕카멘의 중요한 사건들은 별로 남아 있지 않다. 무덤에 보물이 터질 듯 쌓여 있었지만 투탕카멘에 대한 기록은 찾아보기 어려웠다. 따라서 고고학자들과 이집트 학자들은 투탕카멘과 다른 파라오들의 무덤에서 찾아낸 유물과 그림, 상형문자를 통해 투탕카멘이 어느 시기에 어떻게 살았는지 희미하게나마 자취를 더듬었다.

수많은 자문관들이 이집트를 제멋대로 주무르는 동안에 투탕카멘은 묵묵히 지식을 쌓거나 종교와 국가 행사에 왕실 의상을 차려입고 참석해 자신의 임무를 다했을 것으로 추측된다.

투탕카멘은 자라면서 관심이나 흥미가 변했을 것이다. 어린 시절의 장난감은 금세 집어던지고 십대부터는 어른처럼 격렬한 운동과 취미를 즐겼으리라.

혹시 투탕카멘은 운동과 취미 때문에 일찍 죽음을 맞이한 것은 아닐까?

달려라, 달려!

투탕카멘의 사라진 파피루스 비밀 일기

기원전 1325년

손에 땀이 나도록 긴장되고 발바닥이 짜릿할 정도로 신 나고 무릎이 떨릴 만큼 피곤했다! 게다가 머리털이 곤두서는 고통까지 겪은 하루였다. 오늘은 화려하고 위풍당당한 사냥꾼들을 데리고 왕실 사냥을 나섰다. 표범가죽 웃옷과 누빈 주름치마와 은색 무릎 덮개를 갖춰 입고서 새로 만든 웅장한 황금전차를 몰았다.

춤추는 사랑스런 소녀들, 산해진미 만찬, 아내인 안케세나멘, 음악, 맛 좋은 포도주, 멋들어진 옷, 내 주변의 훌륭한 예술품 등을 빼놓고 이 세상 최고의 놀이를 꼽는다면 두말할 것 없이 사냥이다! 성스럽고 고귀하신 이 몸도 물론 빼놓아야겠지!

태양신 라가 지하 세계에서 다시 떠오르자 하인들이 마

구간에서 기골이 장대한 전차 말을 끌고 나왔다. 말들이 히히 힝 소리를 내며 고개를 마구 흔들자 머리에 꽂은 깃털이 아침 햇살을 받아 반짝였다.

다들 앞발을 구르고 콧김을 푸푸 내쉬면서 당장 뛰쳐나가지 못해 안달을 부리는 가운데, 하인들이 윤기가 자르르 흐르는 밤색 말들을 눈부신 황금전차에 묶었다. 번쩍이는 전차에 올라탄 나는 무척 아끼던 사냥개를 데려오도록 시켰다. 기품이 넘치는 데다 개들 중에서 가장 빼어난 이 녀석이 잠시 후 날 위해 목숨까지 바칠 줄이야 그때는 정말 몰랐다!

내가 고삐를 잡은 채 쯧쯧 혀를 차자 말들이 테베의 석회석 도로를 내달렸고 사냥개들은 신 나는 일이라도 기대하는 듯 목청껏 짖어대며 따라왔다. 발 빠른 호위병들이 활과 창을 들고 내 곁에서 달렸다. 뒤로는 왕실 사냥꾼들이 전차에 각각 올라탔으며 왕실 의사들이 치료용 고기와 우유, 붕대, 꿀, 구운 쥐 등이 담긴 진찰 가방을 들고 뒤를 이었다. (이 중에서 내 전차가 가장 웅장하고 화려했단 말씀!) 맨 뒤에는 하인과 노예들이 음식이며 물이며 여벌 무기 등 이날을 위해 꼼꼼히 챙긴 물건들을 당나귀 등에 싣고 따라왔다.

우리가 성문을 가득 메우며 지나가자, 술 빚고 빵 굽고 물건 팔고 집 짓던 여러 백성들이 일을 내팽개친 채 황홀한 표정으로 나를 우러러보았다. 그들은 눈앞에 펼쳐진 화려하고 아름다운 광경에 어쩔 줄 몰라 했다. 신과 다름없는 데다 대단히 훌륭하고 완벽한 나를 직접 보았다는 놀라운 행운이 차마 믿어지지 않았으리라!(다음 편에 계속)

으리으리하고 멋진 전차

하워드 카터는 투탕카멘의 무덤에서 웅장한 전차를 여섯 대나 발견했다. 투탕카멘의 전속 기술자들은 무덤의 통로가 너무 좁아 전차들이 들어가지 못하자 하나하나 분해해서 무덤 안에 넣었다. 그러고는 투탕카멘이 내세에서 쓰게끔 차곡차곡 쌓아 놓았다. 투탕카멘의 하인들이라면 전차 조립쯤은 쉽게 할 것이다. 하지만 기원전 1000년경, 무덤 도굴꾼들이 전차 부속품들을 마구 휘저어 놓는 바람에 부속품이 얼기설기 뒤엉켜서 하워드가 발견할 무렵에는 쓰레기나 다름없었다. 그런 형편인데도 기술자들과 이집트 학자들은 엉망진창으로 엉킨 실타래를 풀겠다는 심정으로 함께 일을 시작했다. 그들은 여섯 대의 '전차 퍼즐 조각'을 일일이 분류한 뒤에 시간을 들여 정성스럽게 이리저리 맞추고 끼워서 결국 다섯 대를 조립해 냈다.

오늘날의 자동차 기술자들은 조립한 전차를 꼼꼼히 살펴보더니 혀를 내둘렀다. 파라오의 고성능 최신식 장비답게 정교하고 잘 어우러진 전차의 구조는 고대 전차 기술의 기적을 보여 준다면서 말이다. 심지어 오늘날의 이동수단보다 뛰어나다는 결론도 나왔다! 예를 들자면 이렇다.

1. 오늘날의 항공기는 압력과 충격과 마찰을 고려하여 설계되었다. 기술자들은 전차의 바퀴살과 이음매를 조사하다가 전차와 항공기의 설계 방식이 똑같음을 발견했다.

2. 3000년 묵은 가벼운 전차 바퀴가 20세기 초의 클래식 자동차에 사용한 목재 바퀴보다 훨씬 뛰어나고 앞서 있었다!

3. 전차의 정밀한 완충 장치에 사용한 용수철과 충격 흡수 부품은 최고의 재료로 만들었다. 그래서 뛰어난 기능과 우수한 승차감을 자랑한다. 쉽게 말해 전차가 울퉁불퉁한 길을 달리더라도 도시락이 떨어질 염려가 없다는 뜻이다.

4. 오늘날 고성능 스포츠카는 최고 속도를 알아보고 시험 운행을 거치느라 자동차 경주로에서 철저히 조사하고 분석한다. 이집트 전차 역시 눈부신 발전을 이뤄 낸 것을 보면 틀림없이 그와 같은 모의 실험을 거쳤을 것이다.

5. 기술자들은 3000년 동안 쌓인 기술 지식과 컴퓨터를 활용해 보았지만 고대 전차의 설계와 조립 방식에서 한 걸음도 더 나아가지 못했다.

투탕카멘의 사라진 파피루스 비밀 일기

기원전 1325년(전편에 이어 계속)

 사냥꾼 일행을 끌고 도시를 떠나 거대한 장례신전(죽은 왕들을 예배하고 죽은 왕들에게 바칠 물건과 음식을 저장한 곳)과 훌륭한 선조들의 무덤을 지났다. 가젤과 영양, 사슴, 타조 등이 있기를 기대하며 사막으로 말을 몰았다. 재수가 좋으면 하이에나와 표범과 자칼을 볼지도 모른다! 속력을 서서히 늦추며 나아가는데 500큐빗 앞에서 정찰대장이 손을 들어 주의하라는 신호를 보냈다. 물웅덩이에 타조들이 떼를 지어 모여 있었다. 귀가 예민하고 눈이 밝은 새들은 우리가 나타난 것을 알아차리고 땅바닥에 납작 엎드렸다. 모락모락 피어오르는 아지랑이 뒤에서 자기들을 흙더미로 착각해 주길 바랐나 보다. 누워서 떡먹기나 다름없었다. 호박이 넝쿨째 굴러 들어오다니! 정확히 말하자면 타조가 굴러 들어온 격이군! 그런데 짐을 업은 당나귀 한 마리가 뒷걸음질 치며 죽겠다고 소리를 질렀다. 무려 15큐빗 길이의 거대한 뱀이 머리를 든 채 쉭쉭 소리를 내고 독 이빨을 드러내며 가엾은 당나귀에게 덤벼들었던 것이다.
 그러나 거기까지 신경 쓸 겨를이 없었다. 왜냐하면 타조들이 걸음아 날 살려라 모래 위를 달리며 가파른 계곡으로 도망쳤기 때문이다. 모든 게 물거품이 될 상황이었다.

난 말 고삐를 허리에 묶은 뒤에 화살을 시위에 걸었고 말과 사냥개와 사냥꾼을 향해 새를 놓치지 말라며 고래고래 소리를 질렀다. 달아나는 타조를 막 따라잡으려는데 머리끝이 곤두설 만큼 쫙 쪼개지는 소리가 울렸다! 바로 다음 순간, 전차는 옆으로 뒤집혔고 내 몸은 허공에 붕 떠올랐다. 곧 이어 바닥으로 쿵 떨어졌다. 순간 어디를 심하게 다쳤는지 우지끈 소리와 함께 이루 말할 수 없는 통증이 왼쪽 허벅지로 밀려왔다. 하지만 그것은 불행의 시작일 뿐이었다. 전차가 망가지자 말은 풀려났는데 고삐는 여전히 내 몸에 묶여 있었다. 말들은 내가 아파서 비명을 지르는 바람에 덜컥 겁이 났는지 타조를 따라 탁 트인 사막을 달렸다. 난 땅바닥에 질질 끌려갔으나 호위병들은 너무 멀리 떨어져 있었다. 드디어 막다른 계곡에 이르고 보니 30여 마리의 새들이 놀라고 겁을 먹어서 다들 제정신이 아니었다. 말들이 우뚝 멈추자마자 가장 큰 타조가 나에게 달려들어 갈기갈기 찢어 놓을 듯이 발톱을 휘둘렀다. 바로 그 순간 요란하게 짖어대는 소리가 났다. 내가 아끼는 사냥개가 바짝 약이 오른 타조에게 덤벼드는 게 아닌가! 타조도 질세라 사냥개와 맞섰는데 잠시 후 무시무시한 발톱이 일을 내고 말았다! 희생자는 내가 아니었다. 바로 사냥개였다. 새의 발톱이 배를 쫙 가르는 순간 내 사랑스런 개는 아픔을 못 이기고 외마디 소리를 질렀다. 잠시 후, 도착한 호위병들이 살육을 저지른 타조와 고래고래 소리를 지르는 암컷들을 단칼에 해치웠지만 사냥개는 몸을 한 번 부르르 떨더니 내 품에 안겨 숨을 거뒀다.

오늘 하루는 이 사건 때문에 엉망진창이 되고 말았다. 내일은 미라장이가 착한 사냥개의 내세를 준비하는 날이다. 사냥개의 죽음을 기리고 훌륭한 개를 잃은 비통한 심정을 알리고자 왕실 이발사에게 내 눈썹을 밀어야겠다.

투탕카멘의 사라진 파피루스 비밀 일기

기원전 1324년

슬프고 아프고 의심스럽고 당황스러운 하루였다. 애지중지하던 사냥개가 그리워서 참 슬프다. 무덤 속, 예전의 내 애완동물 곁에 사냥개 미라를 묻고 나서 시간이 많이 흘렀다.

그때의 사고로 부러진 내 넓적다리는 차도도 없고 아프기만 하다. 왕실 의사가 생고기를 붙이고 기름과 꿀을 섞어 발라 주고 주문을 외웠다. 그러나 거의 1년이 지났는데도 여전히 욱신욱신 쑤신다. 때로는 오늘처럼 속이 울렁거리고 어지럽다. 의사들의 처방에 따라 썩은 곳에 살을 파먹는 구더기를 올려놓았건만 고약한 냄새가 코를 찌를 뿐이다.

꿈틀꿈틀

아무리 생각해 봐도 전차 사고가 의심스럽다. 있을 수 없는 일이다! 전차는 최악의 사태를 대비하여 몇 번이나 모의 시험을 한다. 그러니 아무리 큰 충격을 받아도 똑바로 서 있어야 마땅하다. 그런데 바퀴 하나가 쏙 빠져 버렸다. 누군가 반역을

꾀한 게 분명하다. 과연 어떤 놈이 꾸민 짓일까?

그리고 자문관들이 수상한 짓을 하고 있어서 당황스럽다! 한쪽 구석에 모여 자기들끼리 속닥거리는가 하면 나에게 묘한 눈초리를 보내거나 흐뭇하게 양손을 비비는 모양새가 아무래도 엄청난 재산과 어마어마한 권력을 기대하는 눈치다. 하지만 두고 보라지. 곧 정반대의 일이 벌어질 것이다. 몇 주 후, 열아홉 번째의 생일이 지나면 보좌관들의 도움 따위는 받지 않겠다. 이집트 전체에 내 힘이 미칠 것이다. 앞으로 백성과 나라에 대한 결정은 이 몸이 내리리라!

이제는 이곳도 확 바뀔 것이다! 나이를 먹고 보니, 그동안 아이와 호렘헵의 꼬임에 넘어가 원하지도 않은 법을 만들어 선포했다는 것을 알았다. 한바탕 바람이 불겠지! 아버지의 유일신 경배를 다시 시작할 생각도 있다.

자꾸 피곤이 몰려오는 데다 눈꺼풀이 무거워서 더는 못 쓰겠다. 그런데 무슨 소리지? 문밖에서 발자국 소리가 들리는군.

이 늦은 시간에 누굴까?

이 말을 끝으로 투탕카멘은 입을 다물었다. 알다시피 투탕카멘은 열아홉 살 무렵에 죽음을 맞이했다. 살해당했는지 다리 부상으로 죽었는지, 이집트에 종종 퍼지던 전염병에 희생되었는지는 확실하지 않다. 그래도 투탕카멘을 곁에서 지키는 사람들이 있는 한 끝이 아니다. 오히려 시작이나 다름없다!

투탕카멘은 온몸을 천으로 정성스럽게 감고 무덤에 들어간 뒤에 내세로 떠나야 하기 때문이다 그곳에서 신들은 투탕카멘이 천국에 갈 자격이 있는지 아니면 지옥으로 떨어져야 할 처지인지 결정을 내린다. 사실 투탕카멘은 신에 해당하는 파라오라서 재판의 결과는 크게 달라지지 않는다. 열에 아홉은 천국으로 가기 십상이다.

그렇다고 마음을 놓아서는 안 된다. 투탕카멘을 허투루 보낼 수는 없다. 떠나기에 앞서 치장을 마쳐야 한다!

앞으로 펼쳐질 이야기는 고대 이집트의 미라장이와 심부름꾼 소년과 방부 처리자가 맡아서 채워 나갈 것이다.

그 후로도 영원히 행복하게!

고대 이집트 인이라면 누구나 그렇듯 투탕카멘 역시 영원히 살기를 원했다. 투탕카멘과 주변 사람들은 영혼이나 정신이 몸에 깃든다고 믿었기에 몸이 갈가리 찢기거나 득시글득시글 세균 때문에 썩을까 봐 겁을 냈다.

만에 하나 그럴 경우, 쉴 곳이 없어진 영혼은 여기저기 떠돌다가 영영 사라지기 때문이다.

영혼이란 눈에 보이지 않으므로 몸에 들어오지 않으면 무덤을 이 잡듯 뒤져도 결코 찾을 수 없다. 따라서 절대로 변치 않을 몸이 있어야만 영혼이 털끝 하나 다치지 않고 영원토록 그곳에 머문다. 다시 말해서 미라가 꼭 필요하다.

고대 이집트 인은 어떻게 방부 처리를 했을까

미라가 불쑥불쑥: 옛날 옛적의 이집트 인들은 죽은 자를 사막 구덩이에 던진 뒤에 야생동물의 먹이가 될까 봐 그 위에 모래를 덮고 바위를 올려놓았다. 시신이 솟아오르지 않게 하는 방법이기도 했다.

그들은 미라가 1천 년 후에 부활한다고 믿었다.

시체를 썩게 하는 세균은 축축한 환경을 좋아한다. 하지만 이집트에서 비를 구경하기란 하늘의 별을 따는 것만큼 어렵다. 즉 바싹 말라 있는 모래 웅덩이는 박테리아가 발 붙일 곳이 아니다! 게다가 후끈 달아오른 공기와 뽀송뽀송한 모래는 수분을 재빨리 빼앗아가서 시신은 죽기 전 팔팔하던 시절과 그다지 차이가 없다. 단지 움직임이 없어지고 주름이 많아질 뿐이다.

믿지 못하겠으면 미라를 구경하기 위해 이집트나 영국의 유명 박물관으로 날아가도록!

런던의 영국박물관에서는 자연 속에서 만들어진 멀쩡한 모습의 미라를 눈으로 확인할 수 있다. 5500년이 지났는데도 손가락 발가락을 포함하여 붉은 머리카락까지 여전하다! 직원들은 이 미라를 진저(생강이라는 뜻이며 머리카락이 생강처럼 붉은 색이라서 붙인 별명)라고 부른다.

시간이 흐르자 이집트 인들은 사막의 약탈자인 자칼이나 독수리에게서 시신을 보호하려고 관을 이용했다. 그러다 나중에 관 뚜껑을 열어 보니 시신이 썩어 있어서 놀라고 말았다. 관 속의 공기는 마른 바람과 모래가 없는 탓에 축축해졌고 세균들은 제 세상이라도 만난 듯 활개를 친 것이다. 무슨 수를 써야만 했다! 세월이 흘러서 더 똑똑해진 이집트 인들은 수십 번 실패하고 끊임없이 머리를 굴린 끝에 오늘날 미라라고 부르는 보존 방법을 찾아냈다. 드디어 황금소년인 투탕카멘의 시대에 이르러서는 미라에 최첨단 신체 보존 기술을 사용했다. 미라 전문가들의 능수능란한 손길들이 투탕카멘을 만진 셈이다!

그 덕에 투탕카멘은 숨을 거둔 순간이나 장례를 치른 때나 다시 세상에 등장한 때에도 헬스클럽에서 걸어 나온 듯 한결같은 모습이었다. 물론 거짓말을 조금 보탰다.

투탕카멘 왕을 꽁꽁 싸매자

투탕카멘 왕의 미라 만들기는 왕실 미라장이와 조수인 방부처리자가 맡아서 처리했다.

걸린 시간: 70일

사용 재료: 물, 야자술, 아마포, 향수, 소금, 왕에게 넣어 줄 무지무지 많은 금붙이

작업 장소: 특별히 지은 이집트의 '좋은 집'. 또는 소풍 장소나 야외 식당에서 멀리 떨어진 천막

필요한 기술:

1. 미라 분장의 각 단계에서 갖가지 마법 주문을 암송해야 한다.

2. 인체 내부의 기관을 모두 외워야 하고 어디에 무엇이 있는지 확실히 알고 있어야 한다.

1단계 : 질척한 것을 꺼내라

왕이 숨을 뚝 그쳤는지 확인하고 소중한 내장을 싹 끄집어낸다. 내장은 눈 깜짝할 사이에 썩기 때문에 후닥닥 해치워야 한다. 내장을 손보려면 복부의 왼쪽을 10cm 정도 가른다.

복부 안에 손을 쑥 집어넣어서 이리저리 더듬어 본다. 뭐가 잡혀? 진짜? 잘했어! 물론 꿈틀꿈틀 왕뱀일 리가 없지! 어떻게 뱀이 목 속으로 들어가겠어? 폐하의 위대한 내장인데…….

자, 끄집어 내라! 끝도 없이 줄줄 나오지? 이번에는 위와 폐와 간을 처리할 차례다. 하지만 심장은 남겨 둬라. 내세에서 꼭 필요하니까.

장하구나. 그 정도면 다 끄집어낸 거다. 이제는 야자술에 훌훌 씻어라. 맙소사! 당장 그만두지 못할까! 내장을 빼내다 말고 손가락을 쪽쪽 핥아먹다니 제정신이 아니구나!
 좋다! 드디어 아무짝에도 쓸모없는 뇌를 처리할 차례다.
 우리의 왕이었던 분의 뇌를 긁어내려면 뇌 제거 특수 기구를 코로 집어넣어야 한다.
 아이고, 이 멍청아! 네 콧속이 아니잖아! 뇌와 코 사이의 뼈를 부순 뒤에 기구를 쑥 집어넣고 슬슬 휘저어라. 잘게 으깨질 때까지 후비다 보면 콧구멍에서 뇌가 술술 쏟아져 나온다. 다 긁어냈으면 그것들을 몽땅 버려라.

2단계 : 몸과 질척한 것을 말려라
왕의 몸을 바싹 말려야 한다.

맙소사, 누가 그따위로 하래, 이 멍청이들아! 우리에게 필요한 건…….

천연 탄산소다(천연 건조제)이다.
시체를 건조할 때는 천연 탄산소다인 하얀 결정체를 사용한다. 알아듣기 쉽게 말해서 천연 탄산소다는 소금이다. 하지만 과학적으로 파헤치고 싶다면…….

천연 탄산소다는 몸에 남은 물기 한 방울까지 쪽 짜내기 때문에 효과가 끝내준다! 그것 말고도 이로운 점이 있다. 습기에 닿는 순간 천연 탄산소다의 산 성분이 부쩍부쩍 늘어난다! 파라오의 시신은 끈덕지게 달라붙는 세균 때문에 고약한 냄새를 풍기며 곪게 마련인데 산이야말로 그런 세균을 싹 몰아낸다.
미라 작업에는 천연 탄산소다가 꼭 필요하다. 게다가 말라붙은 호수 표면에는 천연 탄산소다가 널려 있으니 모자르면 호수에서 긁어 모으면 그만이다! 따라서 비가 내리붓는 아마존보다 이집트에서 시체를 말리고 싸매는 일이 발전했던 것은 당연하다.

3단계 : 투탕카멘 왕의 물을 빼라

우선 파라오의 빈 속을 천연 탄산소다가 담긴 아마포 주머니들로 채운다. 이어서 파라오를 커다란 돌 쟁반에 올린 뒤 분말이 고운 천연 탄산소다로 빈틈없이 덮어 준다. 소금에 푹 절여 놓은 파라오를 40일 동안 숙성시킨다.

그렇다고 파슬리 가지를 얹거나 마늘쪽을 꽂아 두지는 마라. 여러분이 만드는 것은 미라이지 일요일 점심이 아니다!

4단계 : 질척한 것을 또 말려라

고객의 간과 위와 장과 폐를 일일이 아마포로 싸맸으면 천연 탄산소다를 뿌린 뒤에 특별히 제작한 '카노푸스 단지'에 담아 수분을 뺀다. 항아리를 아무거나 쓰다가는 자칫 엉뚱한 일이 벌어질 수도 있다.

카노푸스 단지
내장 보관용 카노푸스 단지는 호루스 신의 자녀들 모습으로 꾸민다. 단지들은 다음과 같이 짝지어져 있다. 간은 인간 외모의 임세티 신에게, 위는 자칼 머리의 두아무테프 신에게, 장은 매 머리의 케베세누에프 신에게, 폐는 개코원숭이 머리의 하피 신에게!

마지막으로 뇌는 아주 작은 곰 머리의 도피 신에게.

주의: 위에서 한 가지는 사실이 아니다.

5단계: 시신을 싸맬 준비를 하자

복부에 넣었던 천연 탄산소다 주머니들을 꺼내고 구멍을 꿰맨다. 그리고 얇은 금 조각을 붙여 둔다. 시신에 뿌려 둔 천연 탄산소다를 야자술로 씻어 낸다.

내부의 장기를 모두 빼내고 나면 시신의 몸은 군데군데 찌그러지거나 빈대떡처럼 납작해진다. 아마포나 톱밥으로 미라 속을 채워야 원래의 모습으로 되돌아간다.

사람의 눈은 액체나 다름없다. 천연 탄산소다의 영향으로 투탕카멘 왕의 눈은 흉하게 변해 버렸다. 보기에 너무나 끔찍한 정도이다. 따라서 검고 하얀 돌로 가짜 눈을 만들어 바꿔 준다.

이제 남은 문제는 투탕카멘의 '바싹 말라 버린' 피부이다.

투탕카멘을 거북이 할아버지나 다름없는 모습으로 천국에 보낼 수는 없으니 몸 전체에 향유를 발라 피부를 촉촉하게 적셔 주고 쪼글쪼글 주름은 쫙 펴 준다.

파라오에게 몰약이나 계피처럼 고상한 향료를 발라 준다.

또한 시신을 건조하는 과정에서 빠져 버린 한두 개의 손톱은 실로 묶어 둔다.

6단계 : 파라오 포장하기

파라오를 포장하는 데 사용할 아마포는 그 양이 얼마나 많은지 모두 합쳐 놓으면 넓이가 무려 700m²에 이른다! 손가락과 발가락부터 시작하며 몸의 하나하나를 일일이 정성스럽게 싸맨다.

좋아, 그 정도면 잘한 거야! 이번에는 손과 발을 싸매야지! 먼저 황금으로 만든 손가락 싸개를 하나씩 끼워 준다. 이번에는 어떤 부위를 해 볼까? 머리, 몸통, 다리, 엉덩이? 그래, 정했다.

다음 순서는 몸통이다.

기다란 아마포 천으로 몸통을 천천히 꼼꼼히 감아 준다. 그리고 최고급 보석을 붕대 사이 사이에 끼워 넣는다. 투탕카멘이 지하 세계를 편안하게 여행해야 하니까.

드디어 가장 중요한 일이 남았으니, 투탕카멘 왕의 심장 위에 쇠똥구리 장신구를 올려놓을 차례다. 투탕카멘이 지상에서 저질렀던 사소한 실수들, 가령 도서관 책을 제때 반납하지 못했거나, 땅에 떨어진 동전을 몰래 주웠거나, 실수로 찬장의 유리컵을 떨어뜨린 일 등이 알려지면 곤란하니까.

시신을 싸매는 작업이 끝나면 붕대가 비뚤어지거나 풀리지 않도록 매듭 부분에 송진을 듬뿍 발라 둔다. 그리고 붕대에 마법의 주문과 기도문을 적는다. 어떤 소원이든지 상관없다. 예전에 돌아가신 할머니에게 안부를 전해도 되고, 지금 살고 있는 집을 놀이동산으로 바꿔 달라고 해도 된다. 아니면 방학이 끝나지 않게 해 달라고 적어도 된다. 용돈 인상 같은 것도 괜찮은 소원이다. 뭐든 적어라. 기도를 들어주는 것은 미라가 된 투탕카멘의 몫이니까! 자, 드디어 우리의 투탕카멘이 근사한 미라가 되었다.

이제 남은 사람들은 그를 위해 무엇을 해야 할까?

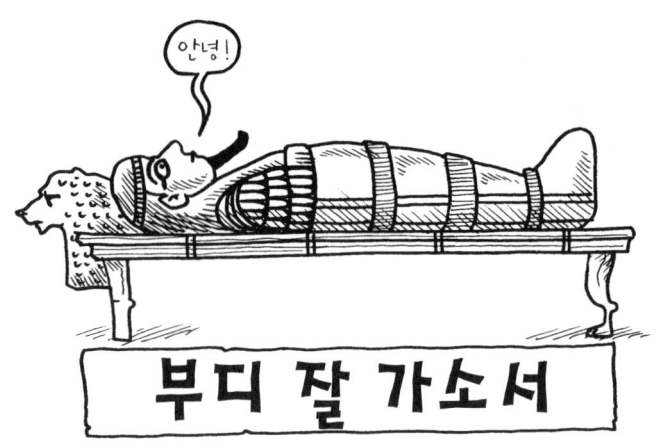

부디 잘 가소서

투탕카멘의 장례 행렬이 테베의 왕궁을 떠나려고 한다. 잠깐, 눈을 크게 떠라! 아래의 설명에서 한 가지 물건은 진짜가 아닐 수도 있다. 그것은 과연 무엇일까?

〈테베의 좋은 아침〉의 아티 심볼즈가 상형문자로 전하는 기사

딱 70일 전에 우리의 존경하는 왕께서 대단히 슬프고 이상야릇하고 의심스러운 죽음을 엉겁결에 맞이했다. 이제 드디어 최후의 순간에 이르렀다. 왕이 내세로 떠나려는 참이다. 지금 나의 앞에는 투탕카멘 왕에게 속속들이 영향을 끼친 사람들이 모여 있다.

사람들은 반짝거리는 나일 강을 건너서 왕가의 계곡을 넘은 뒤에 마지막 의식을 치르려고 왕의 무덤 앞으로 모였다. 최고 사제는 고대 경전에 맞게끔 제식을 진행하느라 신경을 곤두세우며 파피루스 두루마리를 읽었다. 주변의 광경과 향취와 소리에 얼이 빠지는 것 같았다. 반짝이는 금붙이, 여인들의 통곡소리, 사제들의 낭송 소리, 강렬한 향수에 적셔 둔 선명한 타조깃털 부채, 향초에서 스멀스멀 피어오르는 지독한 향, 이제 목이 달아날 동물들이 똥을 싸며 풍기는 악취, 등잔 기름의 매캐한 연기, 사제들이 왕의 시신에 듬뿍 발라놓은 우유의 약간 역겨운 냄새.

이처럼 눈과 귀와 코가 어지러운 판에 새로운 장면이 추가되었다. 고통을 못 이겨 내지르는 비명과 왈칵왈칵 쏟아지는 피 냄새! 황소와 오리와 영양을 죽이는 의식이 막 시작되었다.

동물들은 괴성을 지르고 울부짖고 꽥꽥거렸다! 게다가 발버둥도 쳤다. 물론 그래 봤자 아무 소용 없었다! 옴짝달싹 못한 상태에서 사제의 칼이 목덜미를 쳤다. 최고 사제는 거대한 황소 다리를 베어 냈다.

이제 입을 벌리는 의식을 시작할 차례다. 투탕카멘은 영원의 세계로 들어가기 전에 '입을 벌리는' 의식을 치른다. 그래야만 내세로 들어가서 〈죽음의 서〉에 나오는 마법의 주문을 외우고 숨을 쉴 수 있다. 이 의식에서는 왕과 아주 흡사한 수호상을 사용한다. 총리대신인 아이가 나무세공 갈고리를 들어 수호상의 입을 쳤다. 이어서 황소의 다리를 쳤다. 입을 벌리는 의식이 끝나자 조문객들은 열여섯 계단을 내려가서 무덤으로 들어갔다.

운구하는 사람들이 시신을 석관으로 운반했다. 그들이 들고 가던 등의 불빛이 벽에 닿자 갓 그려 놓은 동물과 하인들 그림이 마치 뛰어오르거나 춤추는 듯 느껴졌다.

우뚝 세워진 신의 조각상들은 무덤의 벽에 무시무시하고 오싹한 그림자를 만들어 냈다.

파라오를 지키는 수호신 조각상들은 벌써부터 임무를 시작한 듯 보인다! 석관 안에는 세 개의 관이 겹겹이 들어 있다. 사제들이 투탕카멘의 시신을 안쪽 관에 내려놓자 안케세나멘을 비롯하여 곡하는 여인들이 구슬픈 울음과 흐느낌을 토해 냈다.

첫 번째 관 뚜껑을 덮을 차례다. 사제들은 시신에 향유와 연고를 발랐다. 이제는 어느 누구도 투탕카멘의 얼굴을 보지 못하리. 그 순간, 사소한 사건이 벌어졌다! 뚜껑이 닫힐 찰나에 안케세나멘이 남편에게 몸을 던지려는 듯 앞으로 뛰쳐나왔다. 하지만 사제들이 가로막았고 뚜껑은 결국 제자리를 찾았다. 안케세나멘은 눈물을 뚝뚝 흘리며 코브라 조각 곁에 화환을 내려놓았다.

조문객들이 무덤으로 올라가자 일꾼들은 목재판으로 만든 네 겹의 사당(커다란 장롱처럼 생긴 것으로 방 크기와 거의 맞먹는다. 네 겹으로 되어 있으며 각각 빗장이 달렸다)을 석관 앞에 세웠다.

그 일을 마무리 짓자 석공들은 묘실의 벽을 쌓아 올리고 투탕카멘의 인장을 축축한 회반죽에 찍었다.

그러나 아직은 끝이 아니다! 안케세나멘과 궁정 관리들은 양, 나일 강의 오리 네 종류, 물떼새 두 마리, 파라오의 포도밭에서 나온 최상품 포도주로 만찬을 벌였다. 식사가 끝나면 접시며 컵이며 남은 음식은 물론이고 청소에 사용한 작은 빗자루까지 의식에 따라 묻어 둔다. 깔끔하게 정리하지 않으면 투탕카멘 왕의 무덤을 모독하는 꼴이다! 자칫 내세로 떠나는 투탕카멘의 여행에 누를 끼칠 수도 있다. 따라서 하나도 남김없이 가까운 곳에 묻어야 한다. 이것이 장례식의 마지막 과정이다. 이제는 다들 자리를 털고 일어나야 한다!

다 끝났다! 투탕카멘 왕은 죽은 자의 세상으로 떠났다. 천국에 갈 확률은 99%다! 하지만 꿈의 목적지에 이르기 전에 꼭 통과해야 할 관문이 있다. 마아트의 방에서 판결이 기다리고 있다.

심장의 무게

고대 이집트 인이 천국에 들어서려면 중요한 시험을 치러야 한다. 그렇지만 전날 밤에 벼락치기로 공부하여 턱걸이로 붙는 시험과는 다르다. 준비하는데 평생이 걸리기 때문이다! 최선을 다한 사람만이 만족스런 결과를 얻는다.

시험에 대비해서 꼭 알아둘 것!

이 중요한 질문들을 놓친다면 죽은 후에 영원히 고통스러울 수도 있다.

질문: 어디에서 재판이 이뤄지나요?
답: 마아트의 방이라고 부르는 내세의 재판정이다.
질문: 그곳에는 누가 참석하나요?
답: 바로 너지.(당연하잖아!) 그리고 너의 악행과 선행을 가름해 줄 14명의 배심원들이다.
호루스(하늘의 신), 토트(죽은 자의 서기-공책을 가져 온다), 아누비스(자칼의 신), 그리고 가장 중요한 마아트(진실과 정의의 신)가 참석한다.

질문: 전 어떻게 되나요?
답: 자칼의 신인 아누비스가 너를 양팔저울로 데려가서 저울 한 쪽에 네 심장(물론 양심까지 포함된 것)을, 다른 쪽에는 마아트의 깃털을 올려놓지.

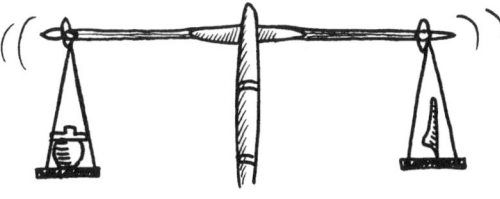

질문: 제 심장이 깃털보다 무거우면요?
답: 해! 심장이 무겁다면 보나마나 나쁜 짓을 많이 저질렀다는 뜻이야.
질문: 그럼 벌을 받나요?
답: 당연히 받고말고!
얼굴이 악어이고 다리가 하마인 영혼의 포식자 아미트가 심장을 꿀꺽 집어삼킨 뒤에 영원히 지옥에 떨어지라는 판결을 내리거든!
질문: 깃털이 제 심장보다 무거우면요?
답: 양심이 바르고 착하게 살았나 보군. 오시리스를 만나서 천국으로 가는 길을 안내 받은 뒤에 영원히 행복하게 지내겠지.
질문: 그럭저럭 착하게 살았는데 못된 짓을 아주 살짝 저지르면요?
답: 그 정도는 걱정할 필요 없어. 아누비스는 아주 착하게 사는 게 얼마나 힘든지 알고 있으니까. 네가 어느 정도 착하다는 판단이 들면 눈금을 약간 조정해 두지. 엉겁결에 개미를 밟았다고 영원토록 지옥에 떨어진다면 곤란하잖아.
질문: 지옥으로 떨어지는 형벌에서 벗어날 수도 있나요?
답: 물론이지! 보석이 박힌 쇠똥구리 장신구인 스카라베를 사 두는 거야. 처음에 몇 푼 집어 준 뒤에 매주 조금씩 몇 십 년 동안 갚아야 하지. 물론 미라장이에게 미리 부탁해 둔단다. 죽고 나면 진짜 심장을 새털처럼 가벼운 스카라베로 바꿔 달라고 말이야. 심장이 나쁜 짓을 미주알고주알 일러바치지 못하도록 손을 쓰는 거야. 천국으로 가는 길을 확실히 보장 받는 방법이지.
질문: 너무 궁금해서 그러는데요, 하늘로 오르거나 지옥으로 내려가면 어떤 일이 벌어질까요?
답: 계속 읽으면 알 수 있지!

고대 이집트의 천국과 지옥
이집트 인의 천국으로 출발!

불사조 내세 보장 업무국
위대한 파라오에게 알림

투탕카멘왕이여!

마음을 푹 놓으소서. 즐겁고 새로운 '내세 보장' 방침에 따라 무한한 행복이 펼쳐지는 내세를 누리실 예정입니다. 그대는 죽어서 갖가지 장식품이며 골동품과 함께 묻혔으나 이제 신 나고 새로운 천국의 삶이 기다리고 있습니다. 천국에서는 최고로 유명한 라 신과 오시리스 신을 비롯하여 온갖 인기스타들과 어울린답니다. 원래 이 정도의 대우는 지상에서 무지무지 착했던 사람들이나 받아야 합니다!

하지만 투탕카멘 왕께서는 상하 이집트의 왕 그리고 힘센 황소, 라의 당당한 화신, 왕권을 나타내는 이, 아멘의 살아 있는 모습, 두 곳의 땅을 잠잠케 하는 자, 법의 강력한 수호자, 모든 신들을 달래는 자, 새로운 격식에 어울리는 자이기에 (아첨하는 라 드리는 말씀이 아니랍니다.) 천국에 들어가고도 남으실 분입니다!

존경하옵는 파라오여, 앞으로 누리게 될 일들을 살짝 알려드리자면 ······ .

1) 우선 태양이 떠오를 때까지 무덤에서 잠시 쉬세요. 투탕카멘 왕이시여, 태양은 어차피 떠오를 테니 괜히 안달복달하지 마세요! 라는 가장 믿을만한 신이니까요!

태양이 이집트 아닌 다른 곳을 비추겠어요?

2) 라 신이 동쪽의 지하 세계에서 다시 탄생하는 순간, 라의

햇볕이야말로 붉고 뜨거운 신이지요. 그대의 영혼은 무덤을 떠나 천국에 닿게 되며 라 신과 함께 흥겨운 잔치를 벌이는 사람들이랑 어울립니다.

3) 그곳에서 파라오는 재능이 풍부하고 잘생기고 훌륭하고 특별하고 강한(또한 최고로 부유한) 이들의 환영을 받을 거예요. 다들 지상을 벗어나 천국에 들어선 사람들이지요.

4) 젊은 투탕카멘에게는 즐거운 일이 하늘만큼 땅만큼 넘칠 거예요! 드넓은 푸른 초원을 느긋하게 거닐고, 끝없이 펼쳐진 푸른 하늘과 살랑살랑 산들바람을 만끽하고, 전혀 뜨겁지 않으며 오직 따사로운 햇살에 몸을 맡기지요. 물론 위대한 라의 친절 덕분이랍니다.

5) 그런데 잠깐만요, 투탕카멘 왕이시여! 끝도 한도 없이 이어지는 잔치에 살짝 피곤해질 수도 있어요! 그러나 그런 점까지 이미 생각해 두었답니다! 라는 밤에는 서쪽으로 사라집니다. 파라오는 미라로 돌아가서 잠시 잠을 쿨쿨 자면서 기운을 되찾으세요! 라가 아침에 떠오르면 즐거운 일이 다시 이어지지요!

영원토록 말이에요!

고대 이집트 인의 지옥
이집트 인의 지옥으로 출발!

죄인에게 고함

아이고! 차마 입이 안 떨어지는군. 넌 깃털 시험에서 뚝 떨어졌어. 심장을 저울 한쪽에 올리자 처음에는 심하게 기울지 않더군. 그런데 갑자기 와장창 저울이 무너지지 뭐야! 넌 입에 담기 싫을 만큼 파렴치한 짓을 저질렀지? 앞으로는 지옥 즉 우리가 '처형장소'라고 즐겨 부르는 곳에서 아래의 처벌을 거의 모두 받아야 하느니라. 지하세계의 무시무시한 여신인 세크메트와 악마의 살인자들이 얼마나 심술을 부리냐에 따라 달라지거든!

1) 네가 도착하자마자 악마의 살인자들(꽤 많은 놈들이 너처럼 인간이었으나 사악한 짓을 한 탓에 세크메트에게 악마의 살인자들로 뽑혔지.)이 미라의 붕대를 풀어 버릴테니 시체는 금세 썩고 말 거야. 악마의 살인자들은 기분이 안 좋으면 몸을 갈기갈기 찢은 뒤에 이빨로 물어뜯곤 하지. 이어서 살점을 꿀꺽꿀꺽 먹어치우기 때문에 입가에서는 네 피가 뚝뚝 떨어져!

2) 넌 양손을 등 뒤로 묶은 채 머리를 땅에 처박고 걸어야 해! 가끔은 너를 철판에 바싹 굽거나 큰 솥에서 푹푹 삶기도 하지.

> 3) 포도주 생산의 신인 세즈무가 포도 압착기로 너와 다른 죄수들의 피를 한 방울도 남김없이 쪽 짜낼 거야. 그럼 넘실넘실 핏빛 호수를 둥둥 떠다녀야겠지?
> 4) 누군가 네 심장을 끄집어냈으니 영혼이 다시는 돌아가지 못해. 심지어 그림자까지 영영 사라지지.
> 5) 공기가 없어서 숨이 턱턱 막히는 데다 죽을 만큼 배가 고프고 바싹바싹 목이 말라서 거의 미쳐 버릴 거야.
> 6) 또한 칠흑 같은 어둠 속에 갇힌 채 환한 대낮이나 화사한 햇볕을 구경조차 못하겠지. 눈물을 펑펑 흘리고 간절히 애원하면 뭐하나. 위대한 태양신 라는 지하 세계의 영원한 어둠 속에 널 버려둔 채 스쳐 갈 텐데.
> 온몸에 소름이 쫙 돋는 일이 널 기다리는군. 이 아무짝에도 쓸모없는 자식아!
> 아차! 한 가지 빼먹었네. 깜빡하고 그냥 넘어갈 뻔했군. 허구한 날 네가 싼 똥을 먹고 네 오줌을 벌컥벌컥 들이켜야 해.
> 쳇, 도대체 뭘 기대했는데? 디즈니랜드? 똑똑히 새겨둬, 여긴 지옥이라고!
> 지금쯤 '남들에게 좀 잘해 주고 학교에서 공부나 열심히 할걸.' 하면서 땅을 치고 후회하겠군!

한편 살아 있는 자들의 땅에서는 어떤 일이 일어날까?

남은 아내의 남모를 노력

투탕카멘을 땅에 묻었다고 다 끝난 것은 아니었다. 가엾은 안케세나멘은 투탕카멘이 일찍 세상을 뜨는 바람에 어쩔 줄 몰랐다. 엎친 데 덮친 격으로 안케세나멘과 투탕카멘에게는 왕실의 혈통을 이어줄 자식이 없었다. 왕좌는 비어 있는 상태였다.

이집트에서 가장 막강한 자리를 과연 누가 차지할까? 60세의 아이가 슬슬 움직이기 시작했다. 아이의 속셈을 알아차린 안케세나멘은 불안에 떨며 이 편지를 '수필룰리우마스'라는 히타이트 왕에게 보냈다.

이보다 더 솔직할 수는 없겠지? 안케세나멘이 밝힌 편지 속의 하인은 아이일 것이라고 짐작하는 사람들이 많았다. 하지만 왜 안케세나멘은 두려움에 사로잡혔을까? 투탕카멘을 해치운 자가 아이라는 증거를 잡았나? 아니면 아이가 호렘헵과 손을 잡고 투탕카멘을 살해했다고 생각했을까?

사건은 점점 얽히고 설켰으니!

편지를 읽은 수필룰리우마스 왕은 자문관을 보내어 편지에 쓴 내용이 단순한 계략인지 왕비의 진심인지 확인했다. 그러고는 안케세나멘과의 결혼을 추진하려고 막내아들인 자난자를 보냈다. 하지만 자난자는 이집트에 발을 디디는 순간 부하들과 함께 뎅강뎅강 목이 잘려 나갔다!

결국 아이가 안케세나멘과 결혼하여 왕의 자리에 올랐다. 두 사람의 결혼은 고고학자가 아이와 안케세나멘의 이름이 새겨진 푸른색 유리반지를 발견하면서 확인되었다. 하지만 결혼하고 얼마 지나지 않아 안케세나멘은 흔적도 없이 사라졌다. 왕위에 오른 아이가 안케세나멘도 죽였을까? 아이의 무덤에 안케세나멘의 흔적은 도무지 찾을 수 없었고 아이의 다른 아내인 테이의 자취만 뚜렷하게 남아 있었다.

제 2부
하워드 카터의 오싹오싹 모험

아리송하고 섬뜩한 느낌이 아직 가시지 않았겠지만 다음으로 넘어가자! 투탕카멘과 보물 무덤을 찾아 헤맨 하워드 카터의 별난 이야기를 시작할 것이다. 피를 얼어붙게 하는 '미라의 저주' 수수께끼까지 한 몫 거들고 있어서 곧이어 심장이 벌렁거리고 등골이 오싹해질 것이다.

하워드 '카트에 쓸어 담아'

    하워드 카터(심술궂은 사람들은 그를 하워드 '카트에 쓸어 담아'라는 별명으로 불렀다)는 1874년에 런던의 얼스코트에서 태어났다. 고대와 이집트를 향한 카터의 열정, 탐구 정신, 꿈을 이루려는 끈질긴 의지가 없었다면 투탕카멘과 그의 보물로 가득한 무덤은 지금도 왕가의 계곡 모래 밑에서 사람의 손길이 닿지 않은 채 고스란히 묻혀 있었을 것이다.

    하워드의 아버지인 사무엘 카터는 노포크 가의 상류층 사람들과 유명인사의 털 달린 친구들을 그리며 생계를 유지했다.

아버지가 빅토리아 시대의 박식하고 부유하며 세상을 구석 구석 잘 아는 재력가들과 친분을 맺은 덕분에 하워드는 입을 못 다물 만큼 신기한 유물들을 접하게 되었다. 그리고 그 영향으로 파라오의 숨겨진 유물을 30년 동안 찾아다니게 된다.

하워트 카터의 사라진 비밀 일기

1888년 어느날

아버지는 14살인 나를 데리고 웅장한 저택인 디드링턴 홀에 방문했다. 그곳은 돈이 엄청나게 많고 누구나 알아주는 애머스트 경과 그의 부인 집이다. 아버지는 그 댁의 개와 고양이와 경주마를 그려 주었다. 애머스트 부인은 고고학에 빠져 있어서 심심하면 이집트로 쫓아가 보물을 찾아 돌아다닌다.

얼마 뒤에

우아, 끝내준다! 세상에 이럴 수가! 3,000만㎡의 땅에 세워진 디드링턴 홀에는 수달을 사냥할 수 있는 연못을 비롯하여 자그마한 성 크기의 매 훈련장과 엄청나게 많은 일꾼들의 오두막과 경주마 마구간을 갖추고 있다. 심지어 교회까지 있다.
그런데 더 기가 막힌 사실은 박물관까지 지었다는 것이다! 그곳에는 고대의 온갖 유물들로 빼곡하게 채워졌다. 5000년 전에 이집트에서 만들었다는 신들의 석상을 비롯하여 왕들과 왕비들, 목동들의 석상을 구경했다! 그리고 잘 보존된 고대 이집트 왕들의 시신까지 보았다. 이것들을 미라라고 부르는데 베이컨처럼 소금을 잔뜩 뿌린 뒤에 붕대로 싸맸기

때문에 영원토록 변하지 않는다! 그처럼 괴상망측하고 흥미진진한 것은 머리털 나고 처음이다! 그 이집트인들이 활동하던 시기는 고대 그리스와 로마의 위대한 문명이 시작하기 전이라고 한다! 그런 시대의 사람을 직접 만지다니!

그때는 어떻게 살았는지 호기심이 고개를 치켜든다. 시간을 거슬러 올라갈 수 있다면 얼마나 좋을까? 미라장이의 작업은 참 흥미로울 텐데!

1888년 몇 주 후에

기쁘고 기쁘도다. 애머스트 경과 부인이 언제라도 와서 고대의 놀라운 예술품을 그리라고 허락했다!

1888년 몇 달 뒤에

오늘도 역시 디드링턴에서 그림을 그리거나 이런저런 상상을 하며 근사한 하루를 보냈다. 오후에는 파라오인 투트모세 3세의 카르투슈가 새겨진 아름다운 장례식 배를 스케치했다.

한참 일에 빠져 있는데 총명하고 유식한 학자들이 박물관에 나타나 유물 앞에서 두런두런 대화를 나누거나 유물을 한참 들여다보았다. 학자들은 하나같이 〈죽음의 서(고대 이집트에서 미라의 곁에 둔 사후세계의 안내서)〉의 마법 주문이 적힌 파피루스 몇 장을 두고 웅성댔다. 우아! 이곳 분위기가 갑자기 활기를 띠었다. 그들의 이야기를 듣고 있자니 상상력이 활활 타올랐다! 머나먼 이집트까지 가서 고대유물이 가득 찬 계곡과 파란 하늘을 본다면 얼마나 뿌듯할까!

1891년 여름

애머스트 부부는 수집한 유물을 관리해 줄 예술가로 이제 갓 17살이 된 나를 임명했다. 나도 모르게 어깨가 으쓱 올라갔다!

1891년 가을

헉, 뒤로 나자빠질 일이다! 애머스트 부인이 내 그림들을 유명한 고고학자인 퍼시 뉴베리 씨에게 보여 주었다. 뉴베리 씨는 나더러 발굴 장소로 와서 그곳의 유물을 그려 달라고 청했다. 그렇다, 난 이집트로 간다! 꿈은 이루어진다!

이집트를 한 번 다니러 간 하워드는 아예 그곳에 눌러 살았다. 그리고 고고학 경력을 차근차근 쌓아서 마침내 이집트 문화재 관리국의 수석 검사관 지위까지 오르게 되었다. 대단히 권위 있고 인정받는 자리였으며 하워드에게 딱 어울렸다. 하지만 다가오는 미래는 어둡기 짝이 없었다.

1905년 1월 8일

문제가 터졌다! 고주망태로 취한 프랑스인 열다섯 명이 발굴 장소에서 막사로 들어가겠다고 고집을 피웠다. 요리를 담당한 소년이 프라이팬을 휘두르며 쫓아내자 프랑스 인들은 사무소로 몰려갔고 이집트 경비들과 티격태격 싸움을 벌였다. 난 사건을 해결하러 들렀다. 술에 취한 프랑스 인들은 유색인종 경비원들이 감히 백인 몸에 손을 댈 수 있냐며 길길이 날뛰었는데 내가 경비원들을 된통 혼내 주기를 바라는 눈치였다. 어림 반 푼 어치도 없는 소리! 난 그딴 것은 죽어도 못한다. 오히려 경비원들에게 못난 놈들의 행패를 막으라고 귀띔해 주었다. 그러자 이곳 프랑스 영사가 나에게 사과를 요구했다. 난 단번에 거절했다. 내 행동은 옳았으니까!

얼마 뒤에

난 쫓겨났다! 문화재 관리국에서 잘렸다. 프랑스 정부가 정식으로 항의하며 날 내보내라고 난리를 쳤다!

아이고, 복도 지지리 없어라!

그렇다고 하워드가 머리를 싸매고 고민할 필요는 없었다. 일자리를 잃었지만 무덤의 보물을 팔아넘기는 이집트 인과 부유한 유럽인이나 미국인 사이에서 중개인 노릇을 하며 그럭저럭 먹고 살 수 있었다. 게다가 이 새로운 사업을 통해 만난 영국의 부유한 귀족, 카나본 경은 훗날 투탕카멘의 무덤 발굴에 자신의 재산을 아낌없이 쏟아부었다.

파라오를 찾아라!

 문제를 하나 내겠다. 하워드는 투탕카멘의 무덤 위치를 어떻게 알아냈을까? 아래의 글에 정답이 있을까? 무덤이 있다는 건 어떻게 확신했을까?

 1. 투탕카멘의 직계 후손이라는 미심쩍은 이집트 여성이 숟가락 몇 개와 새 다리미판을 받는 조건으로 가문의 비밀인 투탕카멘의 무덤 장소를 밝혔다.

 2. 무심코 뚜벅뚜벅 걸어가는데 낯선 땅 밑에서 똑똑 두들기는 소리와 '날 여기서 꺼내 줘!'라는 외침이 들렸다.

 3. 꿈속에서 알게 되었다.

 물론, 이 중에 정답은 없다! 고리타분한 방식으로 찾아냈기 때문이다. 이제 손에 땀을 쥐며 하워드 카터의 눈부신 모험담을 들어보자. 아, 그 전에 손버릇이 고약한 망나니들부터 살펴보자.

도굴꾼

 고대 이집트에서 도굴은 워낙 흔한 일이라 이집트 인들이 다음과 같이 말해도 눈썹 하나 까딱할 필요없다.

'우리는 복권 1등 당첨금이나 다름없는 재산을 구덩이에 묻고 갈 거예요. 아차, 다시 생각해 보니 경비병 두세 명더러 지키라고 해야겠네요. 그런데 경비병들이 무시무시한 죄를 지은 적이 있는지는 확인하지 않았어요. 보기에는 착한 사람들 같아요. 자, 빨리 가서 구덩이를 파고 엄청난 보물로 이리저리 꾸며야겠어요.'

심지어 '람세스가 죽었으니 옷을 벗겨라!' 라는 지시가 떨어지기도 전에 도굴꾼들은 일을 꾸몄다. 봉인된 출입문의 회반죽이 마르지도 않았는데 그 안의 유물들이 슬그머니 사라지는 경우도 흔했다.

심지어 무덤에 부장품을 갖다 놓는 순간에 슬쩍 훔쳐가기도 했다.

도굴꾼들은 죽은 자를 존중하는 마음이나 신의 노여움을 살지도 모른다는 걱정이나 천국에서 편안한 내세를 맞이하겠다는 소망은 발톱의 때만큼도 없었다.

그들은 눈 깜짝할 사이에 값비싼 물건들을 주워 담았고, 여우에게 달려든 사냥개처럼 왕의 미라를 갈기갈기 찢어서 겹겹의 붕대 속에 감춰진 멋들어진 보석들을 끄집어냈다.

도굴꾼들은 팔다리를 떼어 내는 등 시신을 마구잡이로 다루었으며 급기야 파라오의 심장 자리에 넣어둔 스카라베 보석을 꺼내려고 가슴마저 열어젖혔다.

도굴꾼들은 금은보화에 눈이 멀어서 어떤 짓이라도 서슴지 않고 할 각오가 돼 있었다.

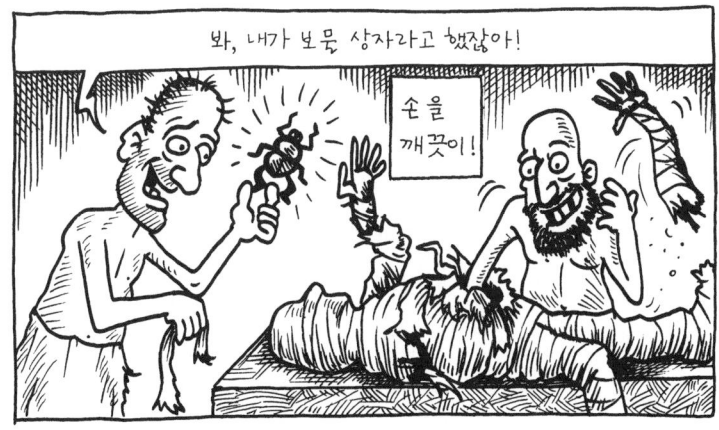

무덤 도굴꾼 수배!

- 부정부패 경비원들을 앞세워 일을 꾸민 부도덕한 공무원들
- 능수능란하게 무덤을 도굴하는 악당들
- 다른 무덤의 옛 유물에 슬쩍 손을 댄 양심 불량 파라오들
- 몰래 딴 주머니를 차고 있는 교활한 사제들
- 손버릇이 고약한 일꾼들과 경비원들

따라서 파라오들의 무덤을 나중에 확인해 보니 죄다 도굴꾼들이 들쑤셔 놓은 상태였다. 즉 사제들과 조문객들이 자리를 뜨던 때와는 딴판이었다. 하워드와 카나본 경이 왕가의 계곡을 이곳저곳 삽질하던 시기에 거대하고 유명한 무덤들은 이미 털릴 대로 털린 상태였다. 말하자면 구석구석 먼지만 풀풀 날리는 경우가 많았고 어떤 무덤들은 시시때때 계곡에 밀려든 물살에 자갈이 구멍으로 쏟아져서 천장이 와르르 무너져 내리기도 했다. 이처럼 건질 게 없는데도 어마어마한 무덤들이 모여 있다는 사실 하나만으로 왕가의 계곡은 여전히 고고학자의 낙원으로 꼽혔다. 기껏해야 별 볼일 없는 흔적이 남아 있을 뿐이었지만 말이다.

'시시해진' 시어도어 데이비스

미국의 부유한 변호사인 시어도어 데이비스는 20세기 초에 왕가의 계곡을 발굴할 수 있는 허가권을 얻어냈다. 시어도어를 비롯하여 그와 친분이 있는 고고학자들은 발바닥에 땀이 나도록 돌아다니며 파라오의 무덤들을 사방팔방 파헤쳤다. 그 결과 행운의 복주머니(수백 년 동안 도굴된 무덤이지만)인 왕가의 계곡에서 몇 가지 깜짝 놀랄만 한 유물을 찾아냈다. 하지만 모든 고고학자들의 꿈인 '아무도 손을 안 댄 파라오의 마지막 쉼터'를 발굴하지는 못했다. 시어도어는 이런 시시한 성과에 넌더리를 내며 삽을 내동댕이쳤다. 자신이 어마어마하게 중요한 실마리를 찾아냈다는 사실도 전혀 모르고 말이다. 양손에 움켜 쥔 놀라운 증거로, 심장이 뛰고 상상을 초월하는 유물을 발견하기란 시간 문제였는데 말이다. 그 증거는 바로 이런 것들이 있었다.

시어도어의 허섭스레기

1906년에 시어도어가 커다란 바위를 들어 올리자 옆은 파란 빛의 아름답고 자그마한 유약 도기 컵이 나왔다. 거기에 새겨진 카르투슈를 번역하자면 '네브케프루레' 즉 투탕카멘의 즉위 이름이다!

그 후 1907년에서 1908년의 발굴 기간에 시어도어는 진흙과 바위로 메워진 구덩이를 발견했다. 홍수에 진흙과 바위가 몽땅 휩쓸려 온 모양이었다. 시어도어와 발굴자들은 흙더미와 쓰레기를 파헤친 끝에 그것이 작은 무덤이라는 것을 알아냈다.

그 무덤을 좀 더 파내려 가자 부서진 상자가 나왔다. 상자 안에는 황금 파편이 들어 있었다. 파편을 맞춰 보니 투탕카멘과 아내의 이름을 비롯하여 아래의 장면이 드러났다.

그러다가 시어도어는 진흙투성이 무덤과 멀지 않은 곳에서 쓰레기장을 발견했는데 그곳은 수천 년 묵은 잡동사니로 가득했다. 시어도어와 동료들은 물고 늘어지는 성격답게 그곳을 뒤지고 또 뒤졌다. 쓰레기 더미에서 발굴해 낸 몇몇 항아리에는 동물 뼈, 작은 빗자루 두 개, 아마포, 소금 자루, 깨진 점토 용기들, 천으로 감싼 항아리 파편, 화환 몇 개, 자그마한 노란색 장례 가면이 있었다. 과연 시어도어는 이런 물건들을 두고 눈을 반짝였을까? 시어도어의 관심사는

오로지 유물이었다. 따라서 찾아낸 물건을 보고는 이런 말을 했다. '시시하게도 별 볼일 없군.' 그래서 시어도어는 그 물건들을 몽땅 정리해 버렸다.

왕가의 계곡

1914년에 시어도어가 왕가의 계곡 발굴 권리를 내놓자 다들 알다시피 카나본 경과 하워드가 왕가의 계곡 발굴 허가권을 잽싸게 사들였다. 그 거래를 담당했던 고대 이집트 문화재 관리국 국장은 발굴 허가권이 땡전 한 푼의 가치도 없다고 강조했다! 그 말이 얼마나 헛소리인지는 시간이 지나면 밝혀지리라!

그럼 시어도어가 내버리듯 처리한 잡동사니는 어떻게 되었을까?

시어도어에게 물건을 넘겨받은 미국 동료인 허버트 윈록은 15년이 지나고서야 짬을 내어 꼼꼼히 그 물건을 살펴보았다. 머리가 팽팽 잘 돌아갔던 윈록은 입이 떡 벌어지도록 놀라운 사실을 발견했다. 윈록은 조사를 매듭짓자마자 자신이 내린 결론을 하워드 카터에게 전했다.

친애하는 하워드 씨에게

제가 요즘 들어 몇 가지 잡동사니를 눈이 빠져라 조사하고 있습니다. 깨진 항아리나 그와 비슷한 것들인데, 지난 1909년에 뉴욕의 메트로폴리탄 박물관에서 시어도어 데이비스에게 받았지요. 그런데 아무래도 하워드 씨의 눈이 번쩍 뜨일 만한 사실을 제가 알아낸 듯합니다. 바로 이런 것이랍니다.

항아리로 짐작되는 부서진 자기 파편을 조각조각 붙이다가 전 화들짝 놀랐습니다. 지금부터는 자리를 잡고 앉아서 차분히 제 편지를 읽어 주세요! 항아리에는 투탕카멘 왕의 인장뿐만 아니라 왕실 무덤인 네크로폴리스의 인장도 새겨져 있습니다!

이 증거야말로 투탕카멘이 왕가의 계곡에 묻혀 있다는 하워드 씨의 굳센 믿음을 뒷받침하지 않나요?

자, 이제부터 더 눈여겨 보아 주세요! 시어도어가 선뜻 건네 준 고물은 투탕카멘 왕의 장례 후에 치렀던 만찬에서 나온 것입니다! 다시 말해서, 만찬이 끝난 뒤 절차에 따라 묻어 놓은 음식 찌꺼기와 접시들이지요. 이 생생한 증거를 과학적으로 꼼꼼하게

조사한 결과 다음의 장면들이 떠올랐습니다.
만찬에 여덟 명이 모였습니다. 그들은 꽃과 나뭇잎이 어우러진 화관과 아마포 머리띠를 했습니다. 어떤 머리띠에는 투탕카멘의 마지막으로 짐작되는 날짜가 새겨져 있었습니다. 만찬에서 여덟 명의 조문객은 오리 다섯 마리와 물떼새 두 마리와 양다리를 쩝쩝 먹어치웠고 맥주와 포도주로 입가심을 했습니다. 만찬을 끝낸 후에는 남은 쓰레기를 작은 빗자루로 싹싹 쓸어냈는데 이 빗자루들도 잡동사니에 들어 있습니다. 마지막으로, 음식 찌꺼기를 담은 항아리와 컵이며 접시며 빗자루까지 미리 파 놓은 구덩이에 몽땅 버렸지요. 이 격식을 따르지 않으면 투탕카멘 왕의 무덤을 모독하는 셈이므로 투탕카멘은 내세에서 큰 슬픔에 빠지게 됩니다!

이 글이 하워드 씨에게 도움이 되기를 바랍니다.
안녕히 계세요.
허버트 윈록

이 편지가 하워드에게 어떤 영향을 끼쳤을까? 소식이 날아든 시기는 아주 절묘했다.

카나본 경은 하워드가 매달리던 투탕카멘의 무덤 발굴에서 막 손을 떼려던 참이었다. 물 붓듯 돈을 쏟아 부었건만 아무것도 건지지 못했기 때문이다.

한 걸음 한 걸음

하워드 카터의 사라진 비밀 일기

1922년 10월

지난 15년 동안 왕가의 계곡에서 수천 톤의 모래와 바위를 옮겼다. 물론 내가 아니라 카나본 경에게 돈을 받은 수백 명의 이집트 일꾼들이 그 일을 해냈다. 카나본 경은 이제껏 50,000파운드*를 썼지만 딱히 자랑할 게 없는 처지다. 안절부절못하는 카나본 경의 심정을 이해할 만하다. 그러니 이번이야말로 꼭꼭 숨은 파라오의 무덤을 찾을 마지막 기회다! 시간은 모래처럼 자꾸 빠져나가고 있다! 허버트가 보낸 소식이 사실이기만을 바랄 뿐이다.

*오늘날의 화폐 가치로 따지자면 250만 파운드가 넘는다(우리나라 돈으로는 50억 원에 이른다).

며칠 뒤에

왕가의 계곡 곁의 쿠르나에 마련해 둔 작은 집에 갔다. 거기에서 깜찍하고 멋진 친구와 함께 지냈다. 사랑스런 황금색 카나리아인데 새장에서 하루 종일 노래 부른다.

이곳 이집트인들은 노래하는 새를 생전 처음 구경한다며 눈을 동그랗게 떴다.

일꾼들은 카나리아가 행운을 몰고 올 거라고 입을 모았다.

1922년 11월 1일 수요일

오늘, 어림잡아 백 명의 일꾼들이 왕가의 계곡에서 람세스 6세의 무덤 근처를 파기 시작했다. 그 결과 고대 석공의 집들이 드러났다. 3m의 돌무더기로 덮여 있었는데 몇 군데를 재빨리 파헤치자 다른 오두막들까지 줄줄이 나타났다. 오두막들도 돌무더기에 덮여 있었다.

11월 4일 토요일 오전 10시

오늘 아침에 발굴 현장에 들렀더니 이집트 작업 반장이 보고하기를 일꾼들과 돌무더기를 걷어낸 순간, 계단이 나왔다고 한다! 우아, 우아! 심장이 덜덜 떨린다!

11월 5일 일요일, 해질 무렵

열두 번째 계단까지 내려왔다! 그런데 저 앞에 보이는 게 뭐지?

저런! 회반죽을 바른 뒤 봉인해 놓은 출입구의 꼭대기잖아! 더구나 봉인에 손을 댄 흔적이 없다. 맙소사! 무덤 입구일지도 모른다.

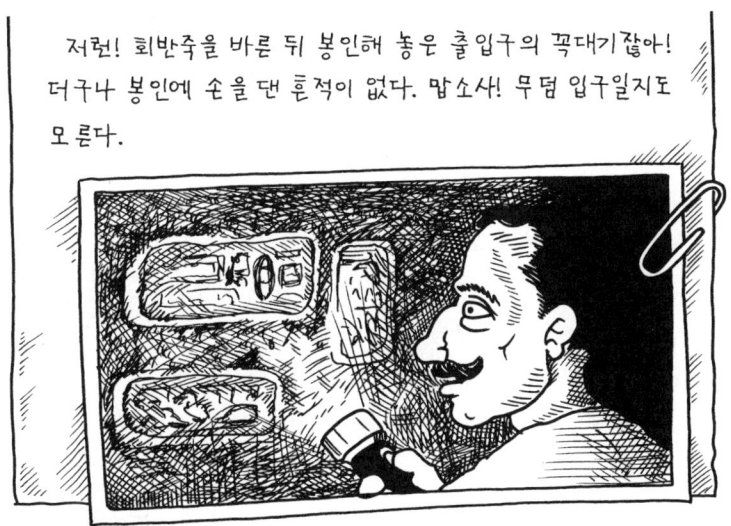

무지막지한 일꾼들

람세스 6세는 투탕카멘 이후 약 200년이 흐른 기원전 1133년에 죽었다. 람세스 6세의 무덤을 짓던 일꾼들은 투탕카멘의 무덤 입구에 자신들이 살 집을 되는 대로 세웠다

하워드로서는 이만저만 행운이 아니었다. 그곳에 집을 안 지었더라면 도굴꾼들이 무덤 입구를 손쉽게 찾아내어 보물을 깡그리 쓸어 갔을 테니까!

하워드 카터의 사라진 비밀 일기

얼마 후, 여러 인장들을 살펴보니 귀한 사람의 무덤이라는 생각이 들었다! 하지만 도대체 누구의 무덤인지 모르겠다. 출입문 위쪽의 들보에 작은 구멍을 뚫고 전등으로 비춰 보았다. 흠! 저쪽으로 이어진 통로에 천장까지 돌과 자갈로 가득하다. 아무래도 심상치 않다! 우여곡절을 몇 년 간 겪고서야 비로소 찾아냈나 보다! 아무도 손을 안 댄 무덤이라면 그야말로 대박일 텐데!

그 당시 하워드는 전혀 몰랐으나 그 무덤을 몇 cm만 더 파 내려갔으면 투탕카멘의 인장을 확인했을 것이다. 하지만 그러지 못했다! 구멍을 막고 당나귀를 탄 채 집으로 돌아오는 하워드의 가슴은 쿵쾅쿵쾅 뛰었다. 이튿날 하워드는 카나본 경에게 전보를 보냈다.

경애하는 카나본 경에게
마침내 계곡에서 대단한 것을 발견함. 웅장한 무덤이며 인장에 손을 댄 흔적이 없음. 카나본 경이 도착할 때까지 원래대로 닫아 놓겠음. 축하함.

그런 후에 하워드는 다시 무덤으로 돌아갔고 일꾼들은 하워드의 행운을 가져다 주는 카나리아를 떠올리며 그곳을 새의 무덤이라고 불렀다. 하워드는 일꾼들에게 계단의 꼭대기에 돌무더기를 다시 쌓도록 지시했다. 남들이 자신의 소중한 발굴 장소를 엉망으로 만들까 봐 겁이 났다.

하워드가 훗날 밝히기를 그 무덤이 얼마나 대단하게 느껴졌으면 돌무더기를 제자리로 올리는 순간 이런 생각마저 했다고 한다.

하워드 카터의 사라진 비밀 일기

1922년 11월 24일 금요일

밤에 왕가의 계곡에서 잠을 잤다. 가슴이 설레어서 집으로 발길을 돌릴 수 없었다. 드디어 이번 주말이면 카나본 경과 함께 무덤의 문을 열게 된다.

11월 25일 토요일

첫 번째 문을 열고 안으로 들어갔다! 그 순간, 사람의 마지막 발길이 닿은 지 삼, 사천 년이 흘렀다는 생각이 스쳤다! 그런데도 주변에 보이는 삶의 흔적들은 마치 어제 남긴 것처럼 생생했다. 바닥에 떨어진 꽃, 까맣게 그을린 램프, 벽화에 남긴 손가락 자국, 그 모두가 정말로 기적 같았다.

우리는 당장 통로부터 치웠다. 돌무더기 속의 부서진 항아리, 밀봉 단지, 물 담는 가죽 부대, 알

록달록한 도자기 꽃병, 자그마한 물건 조각 등…. 이건 딱 한 가지를 의미한다. 도굴꾼이 다녀간 것이다. 심장이 밖으로 튀어나올 것 같았다.

도굴꾼들은 묘실까지 침입했을까? 시간이 흐르면 다 밝혀지겠지.

11월 26일 일요일

우리는 오전 내내 9m 길이의 돌더미를 또 치웠다. 마침내 오후 2시에 두 번째 문이 나타났다!

바로 지금이다! 내가 그토록 목을 빼고 기다려 왔던 순간, 문 꼭대기의 왼쪽 구석에 조그만 구멍을 뚫고 쇠막대기를 집어넣었더니 비어 있었다! 이번에는 촛불을 비추며 들여다보았다. 무덤의 뜨거운 열기가 훅 밀려와서 촛불이 깜박거렸지만 눈은 금세 어두운 실내에 익숙해졌다. 심장이 마구 떨리고 눈물이 솟구쳤다. 얼마나 놀랐던지 말문이 막혔다.

눈앞으로 뿌연 안개가 스멀스멀 올라오는 가운데 그곳은 희한한 동물과 아름다운 조각상과 금붙이들로 가득했다. 눈이

닿는 곳마다 금으로 번쩍거렸다!
 뒤에서는 카나본 경이 흥분을 감추지 못하고 팔짝팔짝 뛰어오르며 물었다.
 "뭐가 보이나요? 뭐가 보여요?"
 나는 입을 열었다.
 "예, 정말 멋집니다!"
 "도대체 뭐가 보이는데요?"
 카나본 경은 궁금해서 미칠 지경이었다.
 이번에는 구멍을 좀 더 크게 뚫어서 카나본 경과 함께 들여다보았다. 고작 양초 한 자루와 전등을 비췄는데도 숨이 멎을 만큼 황홀한 광경이 펼쳐졌다. 그 순간 나를 휘감았던 충격과 감동을 말로는 차마 옮길 수 없다. 내 인생을 통틀어 최고로 짜릿한 순간이었다!
 바로 앞에는 무시무시한 야수들이 우뚝 서 있을 뿐만 아니라 뒷벽에 기괴한 머리 그림자까지 어른거려서 와락 겁이 날 정도였다. 오른쪽으로 눈을 돌리자 까만색 흑단으로 만든 특이한 인형 두 개가 어둠 속에 나타났는데, 수호자인 성스러운 코브라로 장식한 이마를 보니 아무래도 왕을 본뜬 것 같았다. 그 곁의 독특하고 기다란 도금 의자는 사자들과 지옥의 짐승들 머리로 꾸몄다.
 섬세하게 색칠한 자그마한 함이며 꽃이며 꽃병도 보였다. 희한한 모양의 검은색 성골함에서는 금으로 도금된 뱀이 고개를 쑥 내밀고 있었다. 금관도 있었다. 산더미처럼 쌓인 전차의 부속품에서도 금이 번쩍거렸다. 그 외에도 너무너무 멋진 물건들이 많아서 하나하나 설명하기에는 시간이 모자랄 지경이다. 그런데 그 보물 뒤로 봉인된 문이 하나 더 있었다. 그 문 뒤에 무엇이 있을지 딱 감이 왔다.
 바로 파라오 투탕카멘의 관이다!

  하워드는 하늘을 날아오르는 기분이었겠지! 남들은 평생 느끼지 못할 감격을 맛보며 가슴이 벅차올랐을 것이다. 더욱이 이제는 관이 있는 묘실로 들어갈 참이다. 그곳에 투탕카멘의 미라가 있는 게 분명하다.
  하지만 1922년 11월 26일의 막은 아직 내리지 않았다!
  밤이 이슥해지자 하워드는 첫 번째 출입구에 목재 창살을 단단히 채워 놓고 쿠르나에 있는 집으로 돌아갔다. 그러나 안으로 들어선 순간 하워드는 가슴 아픈 상황과 맞닥뜨려야 했다. 노란 깃털 한 움큼을 손에 쥐고 달려 나온 하인은 두려움에 떨면서 소리쳤다.

"카나리아요, 카터 씨!"
하인이 헐떡거렸다.
"이젠 없어요! 커다란 코브라가 집으로 들어와 덥석 물어서 한입에 꿀꺽 삼켰어요!"
하인은 묘한 표정을 지으며 말을 이었다.
"겨울에 코브라를 보다니 상상도 못할 일이지요. 요즘 이집트에서는 구경하기도 힘든 동물이거든요. 카터 씨, 잘 아시겠지만 코브라는 침입자들이 무덤에 못 들어오도록 막아 주는 왕실의 뱀이랍니다. 카터 씨가 신들의 노여움을 샀을까 봐 걱정입니다. 지금 당장 발굴을 포기하는 편이 낫겠어요."
하인은 낯빛이 하얗게 질려서 말했다. 이렇게 투탕카멘의 저주에 얽힌 사건은 시작되었다.

투탕카멘의 끔찍한 저주

판단은 여러분의 몫이다!(그전에 마음을 단단히 먹도록!) 하워드의 애완용 카나리아가 수수께끼를 남기며 죽은 뒤로 사건은 꼬리에 꼬리를 물고 이어졌다. 하워드가 투탕카멘의 무덤을 드나들던 몇 달 동안 별별 일들이 터졌는데 머리카락이 쭈뼛 곤두서는 경우가 많았다.

하워드의 카나리아가 겪은 기묘한 점들을 이해했다면 다음으로 넘어가자.

1. 하워드와 카나본 경이 무덤에 들어갔을 때 이런 저주가 적힌 석회암 아래를 지나갔다.

'왕의 평화로운 죽음을 방해하는 자에게 죽음이 빠른 날개짓을 하며 덮칠 것이다.'

2. 몇 달 지나지 않아서 1923년 4월 5일 이른 시간에 카나본 경이 이집트의 수도인 카이로에서 죽음을 맞이했다.

3. 카나본 경은 오전 2시에 사망했다. 영국에서는 카나본 경의 애완견인 수지 역시 고개를 젖히며 애달프게 울다가 숨이

멎었는데 그 시간 역시 오전 2시였다!

4. 카나본 경이 세상을 뜬 순간 카이로 시내 전체가 정전이 되었다.

5. 다섯 달 후에, 어이없게도 카나본 경의 남동생이 느닷없이 죽고 말았다.

6. 하워드의 비서이자 카나본 경의 친척인 리처드 베셀이 심장발작으로 죽었다.

7. 리처드의 아버지인 웨스트베리 경이 자신의 아파트 7층에서 뛰어내려 목숨을 끊었다.

8. 〈셜록 홈즈〉 시리즈를 썼으며 대단히 존경받는 작가인 아서 코난 도일 경은 카나본의 죽음이 저주의 결과라고 주장했다.

그 당시, 수백만 명의 사람들이 투탕카멘 무덤의 발굴에 개입한 사람들은 파멸할 것이라고 확신했다.

9. 그 후로 몇 년이 지나도록 신문에는 투탕카멘의 저주에 관한 이야기가 넘쳐났다.

1935년, 신문기자들이 이 불길한 사건들을 추적하였고 투탕카멘 왕의 무덤 발굴자 중에서 사망자는 21명뿐이라고 발표했다.

이번에는 다음을 읽어 보자.

1. 하워드와 카나본 경이 지나간 곳에는 저주의 글이 적혀 있지 않았다. 자칼의 신인 아누비스 신상 위에 상형문자가 새

겨져 있을 뿐이다. '나는 모래가 비밀의 방으로 스며드는 것을 막는다. 그리고 죽은 자를 보호한다.'

그런데 아주 약삭빠른 신문 기자가 약간의 양념을 뿌리기로 마음먹었다. 그래서 '영원히 살아계신 왕의 성스러운 구역에 들어서면 모두 죽으리라'의 뜻으로 보도했다. 신문에 이런 기사가 실리자 수백만의 순진한 독자들은 그 저주를 사실로 믿고 또 믿었다.

2. 카나본 경은 예전에 죽을 뻔했던 자동차 사고 이후로 건강이 좋지 않았다. 그런데다 곤충에 물린 상처가 감염되어 폐렴과 패혈증으로 번지면서 죽음에 이르렀다. 1920년대는 이집트에 고약한 전염병과 열병이 휩쓸었던 시기다. 지금이야 전염병에 걸리지 않도록 약이며 주사로 관광객들에게 미리 손을 쓰지만 그 당시에는 뾰족한 수가 없었다.

3. 카나본 경의 개는 주인과 똑같은 시각에 죽지 않았다. 이집트와 영국은 시간대가 다르다.

4. 아서 코난 도일 경은 제1차 세계 대전에서 소중한 가족과 친지를 여럿 잃은 뒤로 미신을 믿었으며 사랑하던 이와 이어줄 영적인 수단을 찾아다녔다. 사실, 이즈음 영국은 어디를 가도 내세와 영혼에 대한 갖가지 이상한 믿음이 판을 쳤다. 참혹한 전쟁에 가족을 잃은 수많은 사람들이 사랑하는 이를 다시 한 번 보려고 갖은 애를 썼다. 그들의 상상력은 걷잡을 수 없이 부풀어 오른 나머지, 무덤 속 미라의 저주에 대해 고개를 끄덕이며 흠뻑 빠져들었다.

5. 뉴욕 시의 박물관 관장은 이 수수께끼를 보다 철저하게 분석하고 살펴본 결과 다음과 같은 통계를 뽑아냈다.

- 1922년에 무덤의 문을 열 때 22명이 참석했다. 1934년까지 그중 여섯 명만 죽었다.
- 1924년에 석관을 열 때 22명이 참석했다. 그 후로 10년 동안 두 명만 죽었다.
- 1925년에 미라를 풀 때 10명이 참석했다. 적어도 1934년까지는 그들 모두 살아 있었다.

6. 하워드 카터는 저주에 대한 소문을 들을 때마다 '귀신 씻나락 까먹는 소리'(아니면 미라 씻나락 까먹는 소리?)라고 딱 잘라 말했다. 하워드는 64세까지 살다가 편안히 눈을 감았다.

7. 이집트의 어떤 의사는 박물관 직원들의 건강 기록을 살펴보다가 많은 직원들이 열병, 피로, 발진을 일으키는 진균류와 접촉했다는 사실을 밝혀 냈다. 이집트 의사의 주장에 따르면 무덤에서 수천 년 동안 살아남은 진균류는 고고학자가 무덤의 문을 여는 순간 몸속으로 들어간다는 것이다. 그렇다면 무덤을 방문하거나 무덤의 유물을 만진 사람이 병에 걸릴 확률은 무척 높았다.

8. 1999년에 독일의 미생물 학자가 40구의 미라를 분석한 결과, 모든 미라에서 위험한 독성 곰팡이인 아포를 발견해 냈다! 곰팡이 아포는 어두컴컴하고 건조한 무덤에서 수천 년을 살아남는다. 게다가 독성이 강하다. 무덤이 열리자마자 곰팡이 아포는 공중으로 떠오른다.

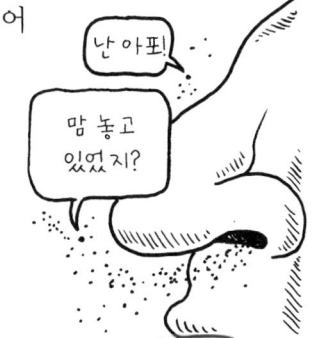

건강이 좋지 않을 경우, 코나 입이나 눈을 통해 들어온 곰팡이

때문에 신체 기관의 기능이 손상되거나 최악의 경우 죽음에 이르기도 한다! 카나본 경처럼 말이다.

9. 요즘 고고학자들은 미라의 천을 벗길 때 입 가리개와 장갑을 반드시 사용한다. 하워드와 카나본 경은 거들떠보지도 않았던 것들이다!

카터, 드디어 만났군!

하워드 카터의 사라진 비밀 일기

1922년 11월 27일

흐물흐물 녹초가 되었다.

그런데도 꼭두새벽부터 발굴 장소로 달려갔다. 구멍으로 슬쩍 들여다본 방을 제대로 조사하려면 전등부터 설치해야 한다. 어느 누가 우릴 말리겠는가? 어휴! 심장이 부들부들 떨린다! 정오가 되자 전등 설치가 끝났다. 카나본 경과 함께 지하 무덤으로 기어가는 동안 초조한 심정을 감출 수 없었다.

경이로움을 채 느끼기도 전에 사건이 벌어진 것을 단박에 알아차렸다! 눈이 닿는 곳마다 보물이 뒤죽박죽 섞인 채 널려 있었다. 이 많은 물건을 어떻게 다 처박아 두었는지 신기할 정도였다.

"이보게, 카터! 도둑들이 벌써 다녀갔구먼!" 골똘히 생각하던 카나본 경이 회색 수염을 쓰다듬으며 입을 열었다.

"안타깝게도 그런 것 같네요."
나는 고대 도굴꾼들이 금과 보석을 찾아 미친듯이 뒤적이다가 깨뜨려 놓은 항아리와 꽃병의 파편을 보며 대답했다.
이런 생각마저 들었다! 여기는 무덤이 아니라 왕실 보물 보관소인지도 모른다. 그때 화려하게 아로새긴 긴 의자들이 눈에 들어왔고 뒷벽의 아래로 틈이 보였다.

그것 역시 봉인된 출입구였는데 예전의 도굴꾼 손에 약간 부서져 있었다.
"따라오세요, 카나본 경." 난 속삭였다. 그러고는 카나본 경과 함께 독특한 도금 의자 아래로 기어 들어가 뚫린 곳을 내다보았다. 이럴 수가! 다른 방이었다! 도굴꾼들은 이곳에서도 귀중품을 찾았는지 침대와 의자, 상자, 꽃병, 조각상, 빵 덩어리 모양의 독특한 함들이 뒤집히거나 흐트러져 있었다.

내가 입을 열었다. "보세요, 회반죽에 찍힌 인장들이 앞서 보았던 것과 똑같네요!"

카나본 경이 중얼거렸다. "미라는 역시 없군!"

바로 그때 두 개의 수호신상 사이에 있던 봉인된 문이 번쩍 기억났다. 그제야 모든 게 확실해졌다!

난 소리쳤다. "알았어요! 여기에 엄청난 보물을 둔 이유는 단 하나예요! 우리가 있는 곳은 무덤의 앞쪽이고요. 저쪽에 닫혀있는 문 뒤로 틀림없이 묘실이 있을 겁니다!"

"그렇다면 보나마나 투탕카멘의 미라가 있겠군!" 카나본 경이 숨을 몰아쉬었다. "그래, 카터! 자네 말이 맞을 거야."

수호신상 사이의 봉인된 문을 쭉 훑어보다가 곳곳에서 투탕카멘 왕의 표시를 발견했다. 묘실의 벽을 쌓고 나서 젖은 회반죽에 카르투슈 인장을 찍어 놓은 게 분명했다. 곡괭이로 몇 번을 내리치고 안으로 들어갔다! 그곳에서 돌로 만든 석관을 보는 순간 투탕카멘의 미라가 안에 있으리라는 확신이 들었다.

눈앞에 펼쳐진 장관이라니! 이런 장면을 보게 될 줄은 꿈에도 몰랐다.

우린 말문이 막혔고 넋이 나갔으며 목이 메었다. 어린애가 앞으로 10년 동안 받을 크리스마스 선물에 파묻혀 있으면 그런 기분일까? 당장 상자들을 열어 보고 환상으로 가득찬 마법의 동굴을 뒤져 보고 싶었다.

무엇보다 거대한 석관을 열고 싶었다. 하지만 아직은 때가 아니었다. 무덤과 부장품은 시간과 공을 들여 조사해야 한다. 게다가 발굴 기간이 끝나가고 있어서 몇 달 뒤에나 작업을 제대로 시작할 것 같다.

11월 29일 수요일

오늘 정식으로 무덤을 개방하는 날이라 특별 손님들을 초대하여 왕가의 계곡에서 야외 점심식사를 했다. 음식에 모래가 들어가지 않게 몰래 감춰 두었다가 '모레' 먹어야지! (하하! 썰렁한 농담 한 마디 해봤다!)

중요한 사람들은 다 모였다.

결국 하워드는 기나긴 세월 동안 꼭꼭 숨은 투탕카멘의 무덤을 발굴해 냈다. 그런데 투탕카멘과 얼굴을 마주하기까지는 무려 3년이 걸렸다.

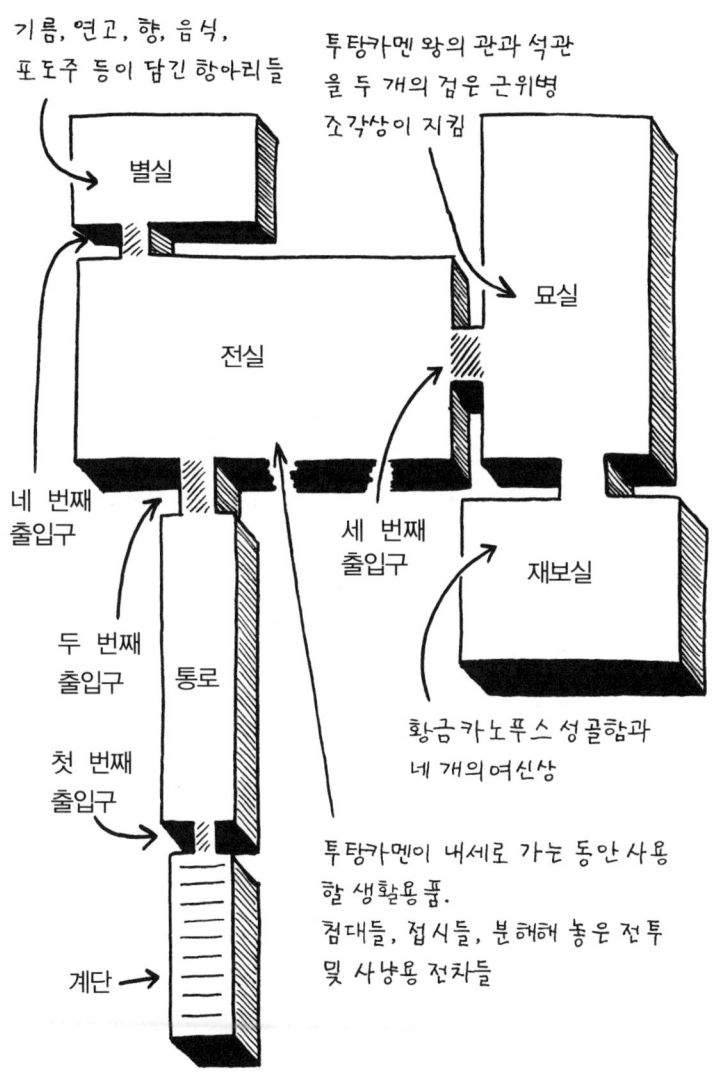

하워드 카터의 사라진 비밀 일기

1925년 10월 12일

무덤에 2,000촉광(2,000개의 촛불에 해당하는)의 전등을 켠 뒤에 석관의 덮개를 내려놓고 거대한 황금관을 눈으로 본 순간, 내 입에서는 감탄이 흘러나왔다. 눈앞이 아찔할 정도로 놀라웠다. 맙소사, 이렇게 호화찬란할 줄이야!

10월 21일

가슴이 떨렸다! 바깥쪽 관을 열자 다른 관이 보였다. 우아, 그런데 그 안에 세 번째 관이 있었다. 관마다 투탕카멘 왕의 모습이 새겨져 있었는데 첫 번째보다 두 번째가 더 아름답고 정교했다. 두 번째 관 안에는 3000년 동안 누구의 손도 닿지 않은 화환이 놓여 있었다!

10월 24일

상상할 수 없을 만큼 무거운 관들을 석관에서 꺼내느라 끙끙대는 중에도 혹시 망가뜨릴까 봐 조마조마 애를 태웠다. 그런데도 사고가 터지곤 했다. '우지끈!' 소리에 심장이 철렁 내려앉고 곧이어 들리는 '쨍그랑!' 소리에 가슴이 찢어진다. 값으로 따질 수 없는 장식품이 바닥으로 떨어진 것이다!

10월 25일

오늘은 관 두 개를 전실로 옮겨 놓았다. 여덟 명의 장정들이 겨우 관을 들었다!

10월 28일

기다란 드라이버를 구부려 지렛대로 만들었다. 뚜껑을 단단히 죄이고 있는 쇠못들이 헐거워지도록 지렛대를 넣고 흔들었다. 몇 시간이 훌쩍 지나갔다! 마침내 못들이 빠졌다. 뚜껑을 열자 나타난 모습! 파라오 투탕카멘은 고요하고 편안해 보였다! 얼굴에 쓰고 있던 가면은 얼마나 아름답던지!

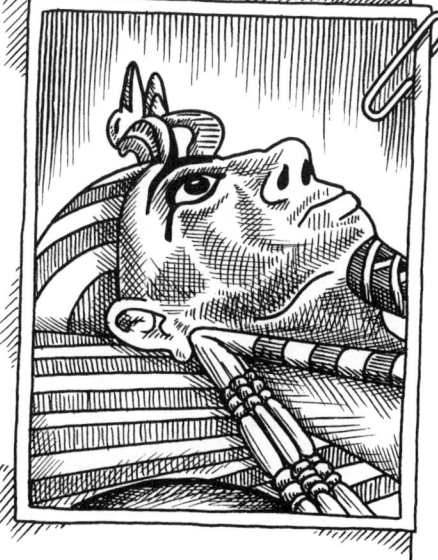

파란색 유리로 줄무늬를 새긴 황금가면은 눈 부실 정도로 번쩍거렸으며 꼭대기에 달린 황금 코브라와 독수리가 시선을 끌었다. 가면의 목에는 큼지막한 목걸이 세 개가 주렁주렁 달려 있었다. 도리깨와 지팡이를 하나씩 쥔 양손은 가슴 위로 엇갈려 놓았고 심장의 스카라베는 양손 사이에 있었다. 가면은 가슴께에 놓인, 장식용 황금 손과 닿을락 말락했으며 미라는 발끝까지 붕대로 싸맨 상태였다.

10월 31일

제일 안쪽 관에 놓인 미라와 가면을 꺼내려고 땀을 뻘뻘 쏟았지만 헛수고였다. 투탕카멘 왕의 몸에 잔뜩 발라 놓은 향유와 크림은 세월이 지나자 야릇한 효과를 발휘했다. 역청처럼 까맣게 변하여 미라와 관을 딱 붙여 놓은 것이다.
뜨거운 햇볕이 내리쬐는 곳으로 미라를 옮기면 찐득찐득한 것이 녹지 않을까?

11월 1일

열 명의 장정들이 힘을 합쳐 투탕카멘을 무덤 밖으로 들어올렸다.
그러고는 이글이글 타오르는 이집트의 햇볕 아래에 내려놓았다.

몇 시간 후에

제기랄, 미라는 여전히 옴짝달싹하지 않는다!
정 그렇다면 관 속에 둔 채 붕대를 푸는 수밖에!

11월 11일

오늘은 고고학 역사에 길이 남을 날이다! 이런 순간을 마음속으로 그린 지 몇 년이던가! 빌어먹을 접착제 때문에 투탕카멘 미라를 관에 둔 상태에서 붕대를 풀기로 했다!

붕대를 떼어내다가 바스러질까 봐 미라에 파라핀 왁스를 부었다. 왁스가 식자마자 내 동료인 데리 박사가 가장 겉쪽의 붕대 한가운데를 길게 잘랐다.
그러고는 다 함께 아마포 붕대의 커다란 부분을 들어 올렸다. 붕대를 걷어내자 눈을 의심할 정도로 근사한 황금부적 두 개가 나왔다!

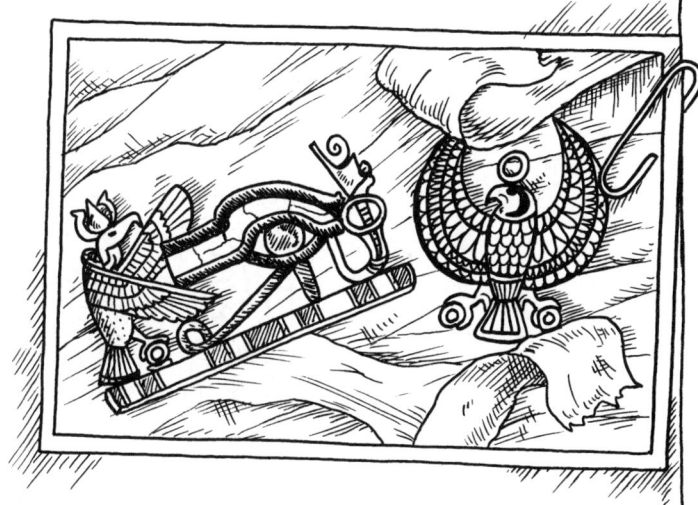

하지만 그건 시작에 불과했다. 붕대 조각을 하나하나 들어 올릴 때마다 입을 다물지 못할 만큼 화려한 보물들이 쏟아졌다! 보물더미에 금세라도 파묻힐 지경이었다. 몇 가지 예를 들자면 황금부적, 황금 뱀, 수정 손잡이가 달린 황금 단검, 금박으로 장식한 띠, 팔찌, 구슬 세공, 배꼽 위에 놓인 검은색의 커다란 스카라베 딱정벌레 등이었다. 미라의 겉싸개에는 값을 매기기 어려운 귀중품들이 수백 개나 감춰져 있었다.

11월 13일

먼동이 터온다! 아직까지도 왕의 붕대를 벗기는 중이다. 이 순간에도 황금으로 만든 새, 반지들, 팔찌 다섯 개 등의 보물이 쏟아졌다. 별별 희한한 물건을 볼 때마다 감탄이 절로 나온다! 오늘날 최고의 장인이나 금세공업자의 작품도 거기에 비하면 보잘 것 없다! 게다가 이제 겨우 팔뚝에 이르렀을 뿐이다. 가슴과 머리는 아직 손을 못 댔건만 개인이 평소에 사용하거나 종교의 뜻이 담긴 보석을 52군데에서 찾아냈다!

11월 14일

이젠 투탕카멘 미라의 아랫부분과 다리가 송두리째 드러났다. 테리 박사와 살레베이 박사가 조사해 보더니 다리의 조직이 거의 부서졌으며 숯처럼 변했다고 밝혔다.

완전히 끝장났군.

11월 15일

이 일에 매달린 지 벌써 닷새째다. 붕대 열여섯 겹을 떼어냈다. 꽤 많은 보물이 아직도 나온다!

11월 16일

드디어 머리를 살필 차례다. 화려한 황금가면에 덮여 있어서 여태껏 손을 못 댔다. 으리으리한 황금가면은 관에 찰싹 붙어 있다. 한참이나 실랑이를 한 끝에 투탕카멘의 머리에서 가면을 가까스로 떼어 냈다!

잠시 후에

머리의 붕대를 풀고 있다.
이곳에서도 보물이 나온다!

- 유리와 흑요석으로 장식한 화려한 금관 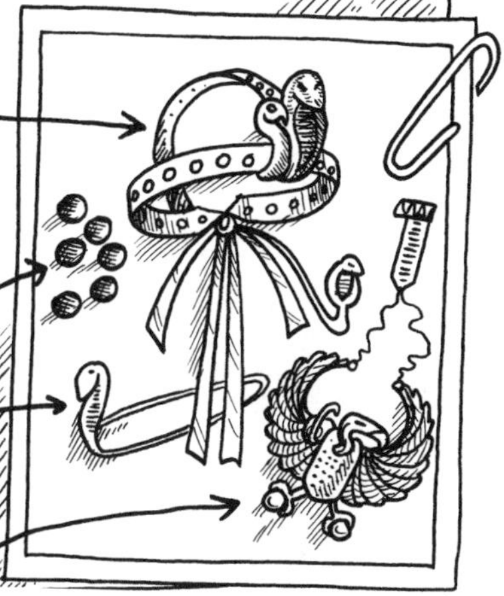
- 군청색 도자기 구슬 여섯 개
- 얇은 금박의 이마 띠
- 도톰한 황금 독수리

몇 겹의 붕대를 풀고 나자…… 그렇다! 드디어 투탕카멘 왕과 얼굴을 마주했다! 그야말로 깔끔하고 고고한 모습이다! 역시 아버지를 쏙 빼닮았군!

왜 이렇게 늦었나?

이제 유물 발굴은 하워드에게 맡겨두고 우리는 잠시 벗어나기로 하자.

훗날 다른 세대의 고고학자와 이집트 학자들이 투탕카멘의 시대와 삶에 대해 밝힌 놀라운 비밀들을 살펴볼 차례다. 물론 케케묵은 질문도 빼놓을 수는 없다.

"투탕카멘은 살해되었나요?" 그렇다면 "누구의 짓인가요?"

죽은 자는 말한다

하워드가 투탕카멘의 무덤을 싹 치우는데 걸린 횟수는 무려 7년이었다. 그런 후에도 수천 건에 이르는 각양각색의 보물을 정리하느라 눈코 뜰 새 없었다.

투탕카멘과 무덤 속 보물

그 당시 하워드가 발견한 유물 중에서 고대 의상은 정리하기가 꽤 까다로웠다. 금박으로 수놓은 튜닉, 허리에 두르는 삼각형의 천(오늘날 '트라이'나 'BYC' 제품으로 알려진 것), 표범의 가죽, 호화로운 예복 등을 비롯하여 투탕카멘이 갓난아기 때 입

었던 옷과 47켤레의 왕실 양말까지 그 수가 어마어마했다.

그렇다! 투탕카멘의 행복한 내세 생활을 준비하던 고대 이집트의 장례업자들은 하나부터 열까지 엄청나게 신경을 쓴 것이다. 깨끗한 속옷마저 왕창 챙겨 보냈다!

혹시라도 빠진 게 없나 백 번은 더 둘러봐야 해. 투탕카멘이 전차에 치이기라도 해 봐. 꼬질꼬질한 속옷 차림으로 병원에 실려 간다는 게 말이 돼?

양말을 비롯하여 팬티, 튜닉, 예복, 조끼, 조끼 비슷한 고대 이집트의 옷까지 하나하나 말끔하게 개켜서 아름다운 장식의 보관함에 잘 정돈해 놓았다.

그런데 막돼먹은 도굴꾼들이 금붙이를 털어 가려고 들어와서는 보관함에 간직한 450가지의 갖가지 의류를 마구 끄집어 내어 앞뒤로 던졌다.

정리하러 들어온 고대 이집트 관리들 앞에 속옷과 겉옷 수백 점이 뒤죽박죽 난장판이 되어 있었다. 관리들은 조바심이 났는지 널린 옷들을 눈앞의 상자에 얼렁뚱땅 쑤셔 넣었고 투탕카멘은 열두 살 꼬마의 폭탄 맞은 방이나 다름없는 곳에 누워 있어야만 했다.

 하워드는 꼼꼼한 데다 상상력이 풍부했기에 왕의 의상이 3000년이나 묵었지만 대단히 가치가 있으며 투탕카멘의 삶과 시대를 캐낼 수 있는 기회라고 목소리를 높였다. 그러나 하워드의 충고를 다들 흘려들은 탓에 투탕카멘의 의복은 그 후 70년 동안 심하게 바스러지는 등 상태가 악화되었다. 몇몇 의복은 썩으면서 거무튀튀한 천 뭉치로 변하기도 했다.
 그런데 1990년대에 어떤 섬유 역사가가 투탕카멘 의상을 조사했고 동료들의 도움에 힘입어 무려 8년에 걸쳐 연구를 진행했다. 그 결과 이 여성 역사가는 활기차고 신성한 투탕카멘에 대해 온갖 흥미로운 자료를 얻어냈다. 가령 투탕카멘의 양말 발가락 쪽에 하나같이 모두 구멍을 뚫어 놓았는데 알고 보니 그것들은 샌들의 끈을 끼우는 곳이었다(나이 지긋한 할아버지들이나 샌들에 양말을 신는 줄 알았는데 참 별스럽지?).

한편 섬유 연구원들에게 곤란한 문제가 발생했다. 투탕카멘 의상에는 얇은 실크 종류의 천을 사용했는데 현대의 섬유 기계로는 그런 천을 지을 만한 최고급 실을 뽑아낼 수 없었다. 결국 고대의 섬유 기법을 연구한 전문가들의 도움을 받아야 했다.

섬유 연구원들은 최첨단 장비를 동원하여 투탕카멘 의상의 원래 색깔을 복원한 뒤에 화려하고 알록달록한 색감을 똑같이 표현해 냈다. 고대 이집트 인들은 빨간색 식물 염료에 역겨운 올리브유와 외양간 거름을 섞어서 필요한 색을 만들어 냈으므로 섬유 연구원들 역시 전통 방식에 따라 옷감에 색을 입혔다.

각양각색의 의상을 입고서 이리저리 움직여 본 섬유 연구원들은 너도나도 그 옷이 편하다고 입을 모았다. 그런데 처음에 짐작한 쓰임새와 아예 딴판인 경우도 있었다. 두 개의 머리 장식물로 여겼던 물건이 매의 날개마냥 양쪽 팔에 끼우는 것이었다. 그 당시 이집트에서는 매가 왕의 상징이었다.

또한 사람들이 옷을 입는 순간 권위와 품격이 느껴졌으니 왕의 의상은 제 몫을 충실히 해낸 셈이다.

옷에 달린 꼬리표에는 성형 문자가 적혀 있는데 말하자면 이런 뜻이다.

'태양신의 아들'인 어린 투탕카멘이 움직일 때마다 금과 구슬 장식이 찰랑거렸을 테니 얼마나 눈부셨을까? 신하들은 눈앞이 어지러웠을 것이다.

의상을 조사하던 연구원들은 투탕카멘이 묘하게도 볼록 튀어나온 엉덩이 때문에 골치가 꽤 아팠을 거라는 결론을 내렸다. 그들은 자로 재서(물론 엉덩이가 아니라 옷을) 통계 수치를 뽑아냈다. 가슴 80cm, 허리 75cm, 엉덩이 110cm이다.

다시 말해서 투탕카멘은 하마 궁둥이였다!

투탕카멘의 아버지인 이크나톤의 초상화가 정확하다면 투탕카멘은 아버지를 꼭 빼닮은 셈이다. 그렇다면 다음과 같이 짐작할 수 있다.

1. 투탕카멘은 유전으로 인한 질병에 시달렸다(파라오 하마궁둥이 증상?).

2. 투탕카멘 가문은 남들보다 곱빼기로 음식을 먹었다.

3. 그들은 정말로 엉덩이가 빵빵한 왕이었다.

투탕카멘의 중요한 장기 실종

미라장이들은 작업을 처리하는 데 능숙했다. 하워드와 동료들이 투탕카멘의 몸(주름 방지 고급크림과 수분이 절실히 필요했지

만)을 살펴보니 상태가 그야말로 최상이었다!

푹푹 찌는 데다 먼지가 풀풀 날리는 무덤에서 3300년이라는 어마어마한 시간을 누워 있었는데도 말이다.

그래도 하워드와 조수들은 나이 먹은 투탕카멘을 손보느라 구슬땀을 흘려야 했다. 그들은 투탕카멘의 온 몸에 칼질을 했다. 끈적이는 방부 처리용 송진이 피부에 초강력 풀처럼 딱 달라붙어서 칼을 대고서야 겨우 보석을 꺼냈던 것이다. 이어서 투탕카멘의 머리마저 잘라냈다.

으리으리한 황금 가면을 떼어내려고 급기야 뜨거운 칼까지 썼는데 어찌나 가면이 찰싹 달라붙어 있던지 왕의 얼굴은 한동안 고통스런 시간을 보냈다.

1926년 10월에 투탕카멘을 쑤시고 떼어 내는 과정이 다 끝나자 하워드는 다시 싸맨 투탕카멘을 원래의 모래 틀에 넣어서 첫 번째 석관에 내려놓았다. 그리고 더 이상 손가락으로 찌르는 일이 없도록 두꺼운 유리 뚜껑을 그 위에 덮었다(이제 투탕카멘은 관광객들이 자신을 들여다보면 자신도  관광객을 구경할 수 있다). 투탕카멘은 그 후 42년 동안 아무런 방해도 받지 않고 누워 있었다.

1968년에 새로운 과학자와 역사가들이 투탕카멘의 장기를 살피기 위해 엑스레이를 찍었다. 엑스레이를 찍은 과학자들은 뒤로 나자빠질 만큼 놀랐다. 왕의 장기에서 정말 중요한 부분이 사라졌던 것이다!

유물학자들은 원래 의심이 많은 성격이라서 투탕카멘의 남근을 기념품 수집가들이 가로챘다고 믿었다.

그 후 몇 년간 별별 놈들이 등장하여 왕의 소중한 것을 찾아냈다고 주장했다. 하지만 죄다 새빨간 거짓말이었다.

그런데 2005년에 이집트 학자들이 투탕카멘을 좀 더 자세히 살펴보았다. 이번에는 최첨단 병원 CT촬영기를 동원했다. 그런데 그 결과에 다시 한 번 입을 다물지 못했다!

어떻게 다시 성기가 자라났을까? 아니면 성기 도둑이 양심의 가책을 느껴 제자리로 슬며시 가져다 놓았나?

천만의 말씀! 왕의 성기는 사라진 적이 없었다. 그저 '줄어들었던' 것이다!

몸속으로 쏙 들어가 있었다. 1960년대의 과학자들은 확 줄어든 성기를 찾지 못했을 뿐이다.

새콤달콤한 포도주

투탕카멘이 신왕조의 모래 둔덕에 포도주를 채워 두기 훨씬 전부터 고대 이집트 인들은 포도를 재배하고 포도주를 마셨다.

무덤 벽화에서 포도를 수확하여 포도주를 만들

고 진탕 마시는 그림을 그린 시기는 기원전 3500년이다.

이집트의 상류층과 마찬가지로 투탕카멘은 포도주 한두 잔을 즐겨 마셨다. 따라서 투탕카멘을 낙원으로 떠나 보낼 때 친구들은 지하무덤의 술 저장 창고가 꽉꽉 채워졌는지 확인했다(내세에는 버젓한 포도주 주점이 많지 않았기 때문이다).

1922년에 무덤이 열였을 때 36개가 넘는 항아리들을 구석에서 찾아냈다. 그런데 고고학자들이 항아리 안을 들여다보니 밑바닥에 끈적끈적한 찌꺼기만 남아 있었다. 이유가 무얼까?

1. 3300년 동안 무덤에서 포도주가 증발해 버렸다.

2. 이집트의 이글이글 햇볕 아래에서 무거운 바위들을 끙끙 옮기다 보면 목이 바싹 마르기 십상이다. 하워드 카터와 카나본 경은 술을 발견하자마자 "저런, 목말라 죽을 뻔했는데!" 하고 소리 치며 그 자리에서 포도주를 벌컥벌컥 들이켰다!

3. 대부분의 항아리들은 무덤에 넣을 때부터 비어 있었다.

정답은 **3**번이다.

고대 이집트 인들은 대단히 똑똑하고 신중했다. 오늘날 포도주업자들과 마찬가지로 항아리 겉면에 시시콜콜한 내용까지 또박또박 적었다. 투탕카멘 무덤에 놓인 26개의 항아리에는 포도의 이름과 생산 시기와 포도주를 항아리에 담았던 당시의 투탕카멘 재위 년도와 포도의 생산지, 생산자를 써 놓았다(식품 첨가물을 나타내는 코드 번호와 유효 기간에 해당하는 셈이다). 이집트 학자들은 항아리에 적힌 날짜를 보고는 무덤에 넣기 전부터 항아리 속이 텅 비었다는 사실을 알아냈다. 고대 이집트의 항아리는 유약을 칠하지 않았으므로 포도주는 항아리의 바늘만한 틈새로 서서히 샜다.

하워드와 카나본 경은 투탕카멘이 왕위에 오른 지 9년 만에 죽었다는 것도 항아리에 적어 둔 글을 보고 알았다.

이 사실은 훗날 과학자들이 유물을 통해 분석한 결과 더 확실해졌다. 그렇다면 과연 그는 어떻게 죽었을까?

투탕카멘은 살해당했나?

여러분이 판결을 내려라!

무슨 증거로 판결을 내리냐고? 여기저기서 끌어 모은 사실들을 나열해 놓았다. 어느 쪽이 진짜인지는 아직 모른다. 어차피 투탕카멘은 미스터리하고 비밀스러운 왕이었으니까.

사건에 대한 증거

투탕카멘은 고작 19세에 죽음을 맞이했다. 사실 고대 이집트인의 기대 수명은 워낙 짧아서 25세에 생일을 맞이하는 사람은 절반도 채 되지 않았다. 하지만 투탕카멘은 세계에서 가장 힘이 세고 부유한 국가의 왕이었다!

최고의 음식과 청결한 생활과 건장한 호위병들의 보호와 훌륭한 의사의 진료는 당연했으리라. 최첨단 기술로 검사해 보니 투탕카멘은 꽤 건강한 편이었다. 그렇다면 적어도 그는 노년에 해당하는 40세까지는 살았어야 한다. 건강한 젊은이가 아무 이유도 없이 졸지에 세상을 떠났다. 그렇다면 사고를 당한 것이다. 아니면 살해되었거나!

몸에 나타난 증거

- 투탕카멘은 갑작스런 습격을 당했는지 왼쪽 턱에 어느 정도 치료 받은 흉터가 있었다. 일부나마 치료 받은 것으로 보아, 투탕카멘은 다치고 나서도 한동안 살아 있었다.
- 투탕카멘의 머릿속에서 뼛조각이 발견되었다. 턱에 생긴 상처와 관련이 있을까?
- 투탕카멘의 다리는 부러졌다. 아마도 사고를 당한 것 같다. 혹시 피습을 당했을까?
- 투탕카멘의 가슴뼈와 흉곽의 일부가 사라지고 없었다. 태어날 때부터 그러지는 않았을 것이다. 하워드가 실수로 빠뜨렸을까? 아니면 미라로 만드는 과정에서? 가슴뼈와 흉곽이 심하게 부서져서 미라장이가 일부러 빼놓았나? 투탕카멘의 내장을 꺼내려면 그 방법뿐이었는지도 모른다.

정치적 증거

투탕카멘의 곁을 지키던 아이와 호렘헵 자문관들은 당연히 투탕카멘이 죽기만을 바랐다. 아이는 투탕카멘이 죽자마자 잽싸게 파라오 자리를 넘겨받았고 투탕카멘의 홀로 남은 아내와 결혼했다! 투탕카멘의 부관이자 총사령관인 호렘헵은 코흘리

개 왕이 결정을 내릴 때면 충고를 아끼지 않았다.

하지만 투탕카멘은 19살이 되었으니 스스로 일을 처리할 수 있었다. 호렘헵은 권력을 놓치고 싶지 않았던 것일까?

아이가 죽은 뒤에 호렘헵이 파라오의 자리에 올랐다. 호렘헵은 투탕카멘의 아버지로 추측되는 이크나톤의 이집트 개혁 정책을 통째로 뒤엎었다. 즉 종교를 이크나톤 이전의 상태로 되돌리는 한편, 수도를 멤피스로 옮기고 사원을 사제들에게 돌려주었다(이크나톤이 낯설게 들린다면 다시 22쪽으로 돌아가시길!).

호렘헵은 그것만으로는 성이 차지 않았는지 기념비와 건물에서 투탕카멘의 이름을 지우고 자신의 이름을 새겨 넣었다.

이 두 사람은 재산이 넘쳐나는 데다 날아가는 새도 떨어뜨릴 만큼 권력이 막강했다. 투탕카멘을 제거하는 것쯤은 손바닥 뒤집는 것만큼이나 쉬웠으리라!

내부의 배신자들과 부서진 가슴과 부러진 다리, 턱 상처 등을 놓고 보면 투탕카멘은 심각한 폭력 사태에 휘말려 죽음에 이른 것 같다. 과연 어떤 일이 벌어졌을까?

투탕카멘이 살해되지 않았다는 증거

2005년에 이집트의 과학자들은 투탕카멘을 관에서 꺼내어 (다시 한 번!) CT(컴퓨터 단층촬영)라는 최첨단 의학검사를 실시했다. 즉 투탕카멘을 하얀색의 커다란 관에 밀어 넣고 내부 여기저기를 아주 정밀한 3차원 엑스레이로 왕창 찍었다. 그 자리에 참석한 의사들 중 한두 명은 투탕카멘이 부러진 넓적다리에 괴저(혈액이 공급되지 않거나 세균 때문에 큰 덩어리의 조직이 죽는 현상) 때문에 사망했을 가능성이 높다고 밝혔다.

아울러 투탕카멘이 살해당한 증거는 눈곱만큼도 없다고 하나같이 입을 모았다. 다들 실망해도 어쩔 수 없다. 사실이 그러하니까!

끝맺는 말

다들 이런저런 물건들을 찾아낸 적이 있을 것이다. 무척이나 아끼던 연필을 소파 뒤에서 찾아낸 경험 말이다. 갑자기 사라진 애완동물이나 한참 동안 안 보이던 양말 한 짝을 찾아내고서 뛸 듯이 기뻐한 적도 있겠지.

하워드 카터는 지혜롭고 용감하게 땅을 무진장 파헤쳤다. 그래서 무려 3000년 전의 고대 이집트 보물 무덤과 보석으로 덮

인 왕의 시신을 찾아냈다. 뿐만 아니라 고대 이집트 백성들은 두뇌가 비상하여 읽기와 쓰기를 완성하고 과학의 발견을 이뤄 내고 한 걸음 앞선 의학을 선보이고 복잡한 수학 계산을 풀어 내고 아름다운 도시들을 척척 세웠다.

일부 선사 시대 사람들이 석기 시대의 꽃을 피워 내느라 구슬땀을 흘리던 시기에 말이다.

1920년대에 하워드 카터가 투탕카멘과 무덤의 보물을 발견한 소식과 사진이 전 세계로 퍼져 나가자 사람들은 입을 떡 벌린 채 감탄을 금치 못했다.

그 후 몇십 년이 지났지만 그 열기는 변함없다. 하워드의 발굴 50주년을 기념하는 뜻에서 1972년에 투탕카멘 전시전을 열었는데, 미국에서만 800만 가량의 관람객이 다녀갔다. 또한 영국에서는 200만이 관람했고!

　보나마나 앞으로도 수백 년간 사람들은 눈을 동그랗게 뜨고 감탄사를 연발하며 투탕카멘의 유물을 바라볼 것이다.

앗, 시리즈 (전 70권)

수많은 교사와 학생들이 한눈에 반한 책.

전 세계 2천만 독자의 인기를 독차지한 〈앗, 시리즈〉는 수학에서부터 과학, 사회, 역사까지, 공부와 재미를 둘 다 잡은 똑똑한 학습교양서입니다.

수학
01 수학이 모두 모여 수군수군
02 수학이 수리수리 마술이
03 수학이 수군수군
04 수학이 또 수군수군
05 수학이 자꾸 수군수군 1. 셈
06 수학이 자꾸 수군수군 2. 분수
07 수학이 자꾸 수군수군 3. 확률
08 수학이 자꾸 수군수군 4. 측정
09 대수와 방정맞은 방정식
10 도형이 도리도리
11 섬뜩섬뜩 삼각법
12 이상야릇 수의 세계
13 수학 공식이 꼬물꼬물
14 수학이 꿈틀꿈틀

과학
15 물리가 물렁물렁
16 화학이 화끈화끈
17 우주가 우왕좌왕
18 구석구석 인체 탐험
19 식물이 시끌시끌
20 벌레가 벌렁벌렁
21 동물이 뒹굴뒹굴
22 화산이 왈칵왈칵
23 소리가 속삭속삭
24 진화가 진짜진짜
25 꼬르륵 뱃속여행
26 두뇌가 뒤죽박죽
27 번들번들 빛나리
28 전기가 찌릿찌릿
29 과학자는 괴로워?
30 공룡이 용용 죽겠지
31 질병이 지끈지끈
32 지진이 우르쾅쾅
33 오싹오싹 무서운 독
34 에너지가 불끈불끈
35 태양계가 티격태격
36 튼튼탄탄 내 몸 관리
37 똑딱똑딱 시간 여행
38 미생물이 미끌미끌
39 의학이 으악으악
40 노발대발 야생동물
41 뜨끈뜨끈 지구 온난화
42 생각번뜩 아인슈타인
43 과학 천재 아이작 뉴턴
44 소름 돋는 과학 퀴즈

사회·역사
45 바다가 바글바글
46 강물이 꾸물꾸물
47 폭풍이 푸하푸하
48 사막이 바싹바싹
49 높은 산이 아찔아찔
50 호수가 넘실넘실
51 오들오들 남극북극
52 우글우글 열대우림
53 올록볼록 올림픽
54 와글와글 월드컵
55 파고 파헤치는 고고학
56 이왕이면 이집트
57 그럴싸한 그리스
58 모든 길은 로마로
59 아슬아슬 아스텍
60 잉카가 이크이크
61 들썩들썩 석기 시대
62 어두컴컴 중세 시대
63 쿵쿵쾅쾅 제1차 세계 대전
64 쾅쾅탕탕 제2차 세계 대전
65 야심만만 알렉산더
66 위풍당당 엘리자베스 1세
67 위엄가득 빅토리아 여왕
68 비밀의 왕 투탕카멘
69 최강 여왕 클레오파트라
70 만능 천재 레오나르도 다 빈치